究極の
ビジネス英語フレーズ

Standard Vocabulary List 1-3
［3000語レベルでネイティブ感覚をつかむ］

BUSINESS
PHRASES

JN087433

アルク

ビジネス英語に頻出するフレーズが
3000語レベルの会話例と4つのTASK（課題）で

しっかり身につく！

『**究**極のビジネス英語フレーズ』は、アルクの「標準語彙水準12000」（Standard Vocabulary List、SVL12000。次ページ参照）をベースにしたビジネス英語教材です*1。本書は、「ビジネスシーンにおけるネイティブの会話を聞き取れるようになりたい」、また、「英語で自然に会話できるようになりたい」という方のために編集されています。

　本書の会話例や例文は、SVLのレベル1〜3（初級レベル）の易しい単語だけを使っています*2。しかし、その易しい単語を組み合わせたイディオムや句動詞その他の定型表現（本書ではこれらをまとめて「フレーズ」と呼びます）は、驚くほど多様な意味を持っています。ネイティブは難しい単語より、易しいフレーズを好んで使う傾向があります。彼らがよく使うフレーズをマスターすれば、英語のリスニング力や発信力はぐんと向上します。

　本書では、同僚との雑談や電話での会話、会議の頻出表現など、テーマごとに25の会話例を収録。それらの会話を題材に、リスニングクイズやディクテーション、クイックレスポンスなど、目、耳、口、手を駆使した4つのTASKで、重要フレーズのニュアンスや用法を効率よく学べます。TOEIC® L&Rテストのリスニング対策にもお勧め。本書でご紹介するフレーズを足掛かりに、ビジネスでも使える英語コミュニケーション力をさらに鍛えていってください。

＊1　本書は『究極のビジネス英語フレーズ Basic』（2012年刊行）の内容を再構成し、より学習しやすいよう音声コンテンツを充実させたものです。収録しているフレーズに変更はありません。
＊2　固有名詞など一部を除きます。

初級レベルの単語だけを使っているから、

フレーズ学習に集中できる！

SVL 12000

LEVEL 10～12	→	**超上級の3000語** 怖いものなしの語彙マスター
LEVEL 7～9	→	**上級の3000語** 英文雑誌がすらすら読める
LEVEL 4～6	→	**中級の3000語** TOEIC® テストで高得点を狙う
LEVEL 1～3	→	**初級の3000語**　本書のレベル 日本人英語学習者必須の英単語

標準語彙水準12000（SVL 12000）*1 は、日本人英語学習者にとって有用な英単語1万2000語を12段階にレベル分けした語彙リストです。本書で学ぶ英文素材*2 は、SVL 12000の初級レベルに相当するレベル1～3の単語3000語を中心としています*3。この3000語は日常生活で頻繁に使われる耳慣れた単語ばかりなので、難しい単語に惑わされることなく、重要フレーズの学習に集中できます。

＊1 SVL 収録単語については、既刊「究極の英単語」シリーズをご参照ください

＊2 TASK（課題）で読む／聞く英文のこと。日本語解説内で触れる英語表現は除きます

＊3 LEVEL1～3以外で使われている語：①人名や地名などの固有名詞、②複合語（old-fashioned、long-distanceなど。ただし、複合語を構成する語がLEVEL3以下のもの）や略語（DVD、CDなど）、③IT関連の基礎的な単語（online、websiteなど）

Contents

聞いて、読んで、話して、書く。
4つのTASK（課題）でフレーズを完全マスター

英 単語やフレーズは、ただ漫然と読んだり聞いたりするだけではなかなか記憶に定着しません。目、耳、口、手などさまざまな手段で脳に刺激を送り、アウトプットを繰り返すことで、どこかで見た／聞いたことがある程度だったフレーズが、いつでも自在に使える「お得意フレーズ」になります。そういうフレーズを徐々に増やしていくことで、英語力全般がアップします。

　本書は4つのTASK（課題）を通じてビジネス英会話にも頻出する200のフレーズを無理なく覚えられる構成になっています。TASK内容と進め方は次のとおりです。TASKで使用するダウンロード音声についてはp.012をご覧ください。

TASK 1 Listen! まずは聞いてみよう

イメージイラストを見て、状況説明を読んだら、TASK 1 Listen! で精聴にチャレンジ。

❶指定された音声ファイルで会話例を再生します。

❷聞き取りのポイント（ **Point 1** ）3つを意識しながら、じっくり聞いてみましょう。

❸聞き取りのポイントの答えを、日本語で書き出してみましょう。

❹答え合わせは2ページ後にあります。TASK 2を終えてから確認しましょう。

音声ファイル番号

TASK 2 Write down! 書き取ろう

次に TASK 2 Write down! でディクテーションに挑戦。

❶ TASK1で聞いた会話例を、トランスクリプションを確認しながら、もう一度聞いてみましょう。

❷ ユニットで学習する8つのフレーズ部分は、空欄になっています。聞き取って、空欄を埋めてみましょう。

❸ 会話例は何度聞いても構いません。しっかり会話の流れを把握しましょう。

> トランスクリプション内の下線部は TASK 1 Listen! のヒントになる部分です。

会話の和訳です。会話の流れをさらにしっかりとつかみ、TASK2で書き取ったフレーズがどんな意味で使われているのかを確認しましょう。

> ここで TASK 1 Listen! の解答例を確認しておきましょう。

TASK 3 Check & Read Aloud! 確認と音読

ここでは、TASK2で書き取ったフレーズのニュアンスや用法を解説しています。読んで確認し、声に出してしっかり定着させましょう。

❶ まず解説と例文を一通り読んで、フレーズについての知識を深めます。

❷ 次に音声の該当ファイルを再生し、発音を確認します。フレーズに続いて例文の音声が流れますので、聞いた音をそのまま再現するつもりで、ポーズのところで音読しましょう。

❸ さらにリピーティング（聞こえた英文を繰り返すこと）やシャドーイング（聞こえた英文をほぼ同時に再現すること）、暗唱にも挑戦してみましょう。

各フレーズに付いている Ⓒ Ⓝ Ⓟ は、丁寧さのレベルを示した「シチュエーションマーク」です。Ⓒ Colloquial、Ⓝ Neutral、Ⓟ Polite の3つのレベルがあります。各UNITのTASK3に記載された説明を参照し、場面に合わせたフレーズ選びの参考にしてください。

ここでTASK2の解答を確認できます。

TASK 4 Review Quizzes 復習問題

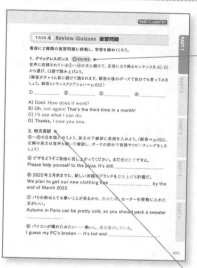

TASK 4では学習のまとめとして、2種類の復習問題を解きます。

1. クイックレスポンス 音声から聞こえてくる呼び掛けに対し、即座に、学習したフレーズを含む応答文で答えるエクササイズです。

❶音声の該当ファイルを再生します。

❷短い呼び掛け文①〜④が聞こえてきます。これに対する応答になり得るセンテンスを、選択肢 A)~D)から選び、呼び掛け文に続けて読み上げましょう。

❸解答はチャイム音の後に収録されています。解答に続くポーズの部分で音読をしましょう。

2. 和文英訳 学習したフレーズを使って、日本語の文を英訳するエクササイズです。

❶⑤〜⑧の日本語の意味に合うように、すぐ下の英文の下線部に英語を書き入れましょう。

❷解答は次のページに掲載されています。正解の英文には音声が付いていますので、答え合わせの後で該当のファイル番号を再生して確認し、ポーズの部分で音読やリピーティングをしましょう。

解答は音声も確認しましょう。

力試し問題 **Definition Quiz** 英英定義

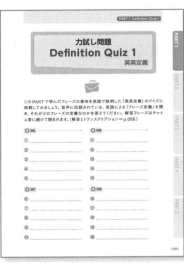

5つのUNIT（1 PART）ごとに2種類のチャレンジ問題が用意されています。一つ目は、フレーズの意味を英語で説明した「英英定義」クイズです。

❶各PARTで学んだフレーズを「定義」する英文が音声から流れてきます。

音声

When something bad happens for a second time, you complain, ...

（良くないことが2度起きると、あなたは……と不平を言います）

❷「カチカチ…」という秒針の音が鳴っている間に、その定義に該当するフレーズを口頭で答えましょう。フレーズの形は、聞こえてくる定義文の主語や時制によって変化させてください。

あなた

... "Not again."

（Not againと文句を言います）

❸チャイム音に続いて正解が読み上げられます。

... "Not again."

（Not againと文句を言います）

❹「Answers」で定義とトランスクリプションと訳を確認しましょう。

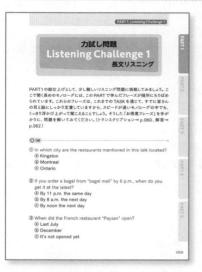

力試し問題 Listening Challenge 長文リスニング

最後のチャレンジ問題は「長文リスニング」です。これまでのTASKを経て変わったあなたの「耳」を、速めのスピードで読まれる長文のモノローグで試してみましょう。このモノローグには、UNITごとの学習ですっかり皆さんの「お得意フレーズ」になった表現が随所にちりばめられています。自分のモノになった表現は、速いスピードの中でも浮き上がって聞こえるはず。「聞き取れる！ わかる！」という学習の成果を感じながら、クイズに挑戦してみてください。

❶モノローグを聞き、設問の内容に当てはまる選択肢を選びます。

❷「Transcript」でトランスクリプションを、「Translation」で訳と問題の答えを確認しましょう。

011

ダウンロード音声について

本書では以下のマークがある部分で音声を使用します。
音声はパソコンまたはスマートフォンでダウンロードが可能です（どちらも無料です）。

◀ 001 このマークは「音声ファイル001に対応しています」という意味です。

💻 パソコンにダウンロードする場合

下記のウェブサイトから、音声ファイル（MP3形式。zip圧縮済み）をパソコンにダウンロードできます。

アルク「ダウンロードセンター」

https://www.alc.co.jp/dl/
＊書名もしくは商品コード（7021024）で検索してください。

📱 スマートフォンにダウンロードする場合

スマートフォンで音声の再生ができる語学学習用アプリ、「語学のオトモALCO」をご利用ください。再生スピードの調節など学習に便利な機能もあります。

ALCOについて

https://www.alc.co.jp/alco/
＊Android、iOSに対応しています。
＊インストール方法は表紙カバー袖でご案内しています。書名もしくは商品コード（7021024）で検索してください。

※ダウンロードセンター、ALCOともに、サービスの内容は予告なく変更する場合があります。あらかじめご了承ください。

PART 1

社内コミュニケーション

まずは、オフィス内での雑談を題材に、

ビジネスで頻出する基本フレーズを学んでみましょう。

PC トラブルや、残業、秘密の転職活動 など、

さまざまなおしゃべりを通じて、

ネイティブらしい会話の呼吸を感じてみてください

MP3 File List

PART 1
社内コミュニケーション

UNIT 01 | 社内コミュニケーション | ① PCトラブル

「あ〜あ、また固まっちゃった」

ケンジがウェブ事業部に書類を届けに行くと、同期入社のジムがパソコンの画面に真剣に見入っています。ちょっと声を掛けてみましょう。

TASK 1 Listen! まずは聞いてみよう
🔊 001-003

まずはこれから学習するフレーズを含んだ会話例を聞いてみよう。下記のポイントを聞き取るつもりで、集中して挑もう。（解答例 ➡ p.017下）

Point 1 ジムがパソコンで見ていたのは何？ _____

Point 2 ジムのパソコンは、どこが問題だと考えられる？ _____

Point 3 ケンジはジムに念のためどうするように言っている？ _____

社内コミュニケーション

TASK 2 Write down! 書き取ろう

トランスクリプションを確認しながら、もう一度会話を聞こう。下線部は TASK1
のカギとなる部分です。また、フレーズ部分を聞き取って、空欄を埋めてみよう。
（解答➡ p.020）

Scene 1 Kenji: Hi, Jim. What's on your PC?

🔊 001 　Jim: Our online store just opened.

K: Is it already ① (u　) (a　) (r　　　)?

J: Yeah, still ② (h　) (f　　) the (o　　). Here, have a look.

Scene 2 K: Wow, this is great! ③ (H　) (d　) it (w　)?

🔊 002 　J: Let me show you. Just go down the page and ... Oh, ④
(n　) (a　　)!

K: What's the matter?

J: It froze up. I hate it when this happens.

K: Let me see ... I figure it's the hard disk. ⑤ It's (m　　　)
a (f　　) (n　　).

Scene 3 J: Can you fix it?

🔊 003 　K: Well, I'm not sure if I can, but ⑥ I'll (s　) (w　) I
(c　) (d　).

J: Thanks, Kenji. ⑦ I (o　) you (o　).

K: Sure. Anyway, if you can, you should back up all data
on the disk ⑧ (j　) (i　) (c　　).

①PCトラブル

会話の訳

Scene 1 ケンジ：やあ、ジム。君のパソコンの画面にあるのは何？

ジム：オープンしたばかりのわが社のオンラインショップだよ。

ケ：もう稼働しているの？

ジ：うん、まだ、できたてだよ。さ、見てみて。

Scene 2 ケ：わあ、すごい！　どういう仕組みなの？

ジ：教えるよ。ページを下に行くと……ああ、またか！

ケ：どうしたの？

ジ：固まった。こうなるのって、本当に嫌なもんだよ。

ケ：見せて……ハードディスクの問題だと思うな。変な音がしている。

Scene 3 ジ：直せる？

ケ：うーん、わからないけど、やるだけやってみるよ。

ジ：ありがとう、ケンジ。一つ借りができたね。

ケ：いいよ。とにかく、できたら、ディスクのデータを全部バックアップしておいた方がいいね、念のため。

TASK 1 Listen! 解答例

Point 1 オープンしたばかりのオンラインショップ。

Point 2 ハードディスク。

Point 3 ディスクのデータを全部バックアップする。

TASK 3 Check & Read Aloud! 確認と音読

TASK2で書き取ったフレーズに関する知識を深めよう。さらに音声に収録されている例文を聞き、ポーズのところで音読してみよう。慣れてきたら文字を見ずに、聞こえてきた音声をまねて言ってみよう。

🔊 004 ①(be) up and running Ⓝ
正常に動いている、稼働している、立ち上がっている

解説 up and running は「稼働している、正常に動作している」という意味です。コンピューターのプログラムやインターネット関連で使われることが多く、The computer is up and running. なら、「パソコンが立ち上がって動いている」。また、会話例のように「ウェブサイトが完成して、稼働している」という意味でも使われます。

例文 The new OS is up and running on my computer.（新しいOSが私のコンピューターで正常に動いている）

🔊 005 ②(be) hot from the oven Ⓒ 焼きたての、まだできたばかりの

解説 (still) hot from the oven は「オーブンから出したばかり」という意味。The pizza is still hot from the oven.（このピザはまだ焼きたてで熱々だ）のように使います。会話例では「できたばかりの、できたてほやほやの」という意味のユーモラスな比喩表現として使われています。

例文 Eat this while it's still hot from the oven.（これ、まだ焼きたてで熱いうちに食べなよ）

🔊 006 ③How does it work? Ⓝ
どういう仕組み／仕掛けなの?、どうなっているの?

解説 この work は「動く、機能する」。The elevator is not working. なら「エレベーターが動いていない=故障中」です。会話例の How does it work? は、「（オンラインショップは）どういうふうに動くの?」=「どういう仕組みなの?」。機械やシステムに限らず、いろいろな物の「仕組み」「仕掛け」を聞くときに使えます。また、何かのやり方や操作の方法などがわからないときにも便利。例えば、神社で参拝の仕方がわからないときに "So, how does it work?"（で、どうすればいいの?）のように聞くことができます。

例文 How does this video control work?（このビデオのリモコン、どういうふうに使うの?）

【 シチュエーションマークについて 】
見出しの後についている ⓒ Ⓝ Ⓟ の3つのマークは、フレーズの丁寧さのレベルを表しています。ビジネスでは場面にふさわしい表現を使うことが大切です。フレーズを選ぶ際の参考にしましょう。
ⓒ **Colloquial** カジュアルな口語表現。会話で使います。
Ⓝ **Neutral** ニュートラルな表現。会話、文章で使います。
Ⓟ **Polite** 丁寧な表現。フォーマルな会話、文書で使います。

🔊 007　④ Not again. ⓒ またか。

解説 嫌なこと、都合の悪いことが2度3度と起きたとき、「またぁ?」「もう、嫌になっちゃう!」「勘弁してよ」という感じでこぼすフレーズが、Not again. です。"The train's delayed." "Not again!"(「電車が遅れてる」「またぁ?」)のように使います。

例文 "The copy machine is jammed." "Oh no, not again."(「コピー機が詰まったよ」「ええっ、またぁ?」)

🔊 008　⑤ It's making a funny noise. Ⓝ 変な音がしている。

解説 機械が壊れそうな、怪しい音を立てていたら、このフレーズの出番です。形容詞の funny は、「楽しい、笑える」のほかに「変な、異様な」という意味で使われることがあります。例えば、This milk smells funny. It's gone bad.(この牛乳、変な臭いがする。腐ってるよ)。That's funny. も文脈によっては「面白いね」ではなく「なんか変だね」になります。

例文 My car needs to be fixed. It's making a funny noise.(私の車は修理が必要だ。変な音がしている)

🔊 009　⑥ I'll see what I can do. Ⓝ
できるだけやってみます。やるだけやってみます。

解説 直訳すると「私に何ができるか考えよう」ですが、意味合いとしては「できるだけやってみる、善処する」という感じの決まり文句です。ホテルで従業員に何か頼んで I'll see what I can do. と言われれば、「かしこまりました、少々お待ちください」になります。「結果は保証できない」という含みもあります。

例文 "When you're in Switzerland, can you get me some chocolate?" "I'll see what I can do."(「スイスに行ったらチョコレートを買ってきてくれる?」「買えたら買ってくるわ」)

社内コミュニケーション

010 ⑦ I owe you one. Ⓒ 一つ借りができたね。恩に着るよ。

解説 owe は、「〜（義務など）を負っている」という意味で、I owe you 1,000 yen. なら「私はあなたに1000円借りている」、I owe you a lot. なら「君にはたくさんの借りがある」になります。I owe you one. は Thank you. と組み合わせて、Thanks, I owe you one.（ありがとう、恩に着るよ）という感覚で使うといいでしょう。逆に、You owe me one.（貸しができたぞ、この恩を忘れるなよ）とも言えますが、かなり親しい相手に対してのみ使える表現になります。

例文 Thanks for helping with my homework. I owe you one.（宿題を手伝ってくれてありがとう。恩に着るわ）

011 ⑧ just in case Ⓝ 念のため、万一に備えて

解説 just in case は「万一に備えて」「もしものときのために」という意味。日常的には、例えば、Take your umbrella, just in case.（念のため、傘を持って行きなよ）のように使います。この文では、just in case の後に it rains が省略されているのですが、そこまで言わなくても、just in case を1セットで文末に付ければOKです。

例文 I always set two alarms in the morning, just in case.（私は朝いつも、万一に備えて、目覚まし時計を2つセットしている）

(TASK2 **Write down! 解答**)

① (up) (and) (running)
② (hot) (from) the (oven)
③ (How) (does) it (work)
④ (not) (again)
⑤ It's (making) a (funny) (noise)
⑥ I'll (see) (what) I (can) (do)
⑦ I (owe) you (one)
⑧ (just) (in) (case)

①PCトラブル

PART 1_UNIT 01

PART 1

PART 2

PART 3

PART 4

PART 5

TASK 4 Review Quizzes 復習問題

最後に2種類の復習問題に挑戦し、学習を締めくくろう。

1. クイックレスポンス 🔊 012-015

音声に収録されている①〜④の文に続けて、応答になり得るセンテンスを A)-D) から選び、口頭で読み上げよう。

（解答がチャイム音に続けて読まれます。解答の後のポーズで自分でも言ってみましょう。解答とトランスクリプション➡ p.022）

① _____ ② _____ ③ _____ ④ _____

A) Cool. How does it work?
B) Oh, not again! That's the third time in a month!
C) I'll see what I can do.
D) Thanks, I owe you one.

2. 和文英訳

⑤〜⑧の日本語に合うよう、英文の下線部に英語を入れよう。（解答➡ p.022。正解の英文は音声も聞いて確認し、ポーズの部分で音読やリピーティングをしましょう）

⑤ ピザをどうぞご自由に召し上がってください。まだ焼きたてですよ。
Please help yourself to the pizza. It's still _____.

⑥ 2022年3月末までに、新しい洋服のブランドを立ち上げる計画だ。
We plan to get our new clothing line _____ by the end of March 2022.

⑦ パリの秋はとても寒いことがあるから、念のため、セーターを荷物に入れた方がいい。
Autumn in Paris can be pretty cold, so you should pack a sweater _____.

⑧ パソコンが壊れたみたい——熱いし、変な音がしている。
I guess my PC's broken — it's hot and _____.

社内コミュニケーション

TASK **4** | **Review Quizzes** 解答

1. クイックレスポンス

① D)

🔊 012 I'll cover for you while you're away. — Thanks, I owe you one.

あなたがいない間のことは私がカバーするわ。——ああ、ありがとう、恩に着るよ。

② C)

🔊 013 Can I have a room with a view of Mt. Fuji? — I'll see what I can do.

富士山が見える部屋をお願いできますか?——かしこまりました。

③ B)

🔊 014 The car battery's dead. — Oh, not again! That's the third time in a month!

車のバッテリーが上がっちゃってる。——ええ、またか! 1カ月で3回目じゃないか!

④ A)

🔊 015 My new cleaner doesn't need a plug. — Cool. How does it work?

うちの新しい掃除機、電源プラグ不要なの。——いいじゃん。どんな仕掛けなの?

2. 和文英訳

⑤ 🔊 016 Please help yourself to the pizza. It's still hot from the oven.

⑥ 🔊 017 We plan to get our new clothing line up and running by the end of March 2022.

⑦ 🔊 018 Autumn in Paris can be pretty cold, so you should pack a sweater just in case.

⑧ 🔊 019 I guess my PC's broken — it's hot and (it's) making a funny noise.

① PCトラブル

UNIT 02 社内コミュニケーション ②アフターファイブの誘い

「今日は残業しなきゃ」

忙しい1日もそろそろ終わり。ジムはアフターファイブに飲みに行く相手を探しています。隣の企画部のマリにさりげなく話し掛けます。

TASK 1 Listen! まずは聞いてみよう ◀ 020-022

まずはこれから学習するフレーズを含んだ会話例を聞いてみよう。下記のポイントを聞き取るつもりで、集中して挑もう。（解答例 → p.025 下）

Point 1 マリは最近、どんな仕事をしている？ _____

Point 2 マリのレポートの締め切りは、本来はいつだった？ _____

Point 3 マリはジムに、何を買ってきてほしい？ _____

社内コミュニケーション

TASK **2** | Write down! 書き取ろう

トランスクリプションを確認しながら、もう一度会話を聞こう。下線部は TASK1 のカギとなる部分です。また、フレーズ部分を聞き取って、空欄を埋めてみよう。（解答➡ p.028）

Scene 1 Jim: My day was pretty busy. How about yours?

🔊 020　　Mari: Yeah, very busy. I even had to miss lunch.

J: Sounds tough! ① (W　　) (a　) you (u　) (t　) (th　) (d　)?

M: I'm arranging travel packages for Chinese tourists. Chun Jie holidays are ② (j　) (a　　) the (c　　), so it's the busiest period of the year for me.

Scene 2 J: How about a quick beer after work?

🔊 021　　M: ③ I'd (l　) (t　), but I (c　　). I have to work late tonight.

J: Come on, you need some time to relax.

M: I need to ④ (t　) (i　) this report by 10 ⑤ (a　) the (l　　). Actually, ⑥ it was (d　) yesterday.

Scene 3 J: Do you want me to get something from Stirbacks?

🔊 022　　M: Oh, ⑦ (w　　) (y　)? Thanks. Can you get me a tall, hot chocolate and a chicken sandwich then?

J: Sure, I'll be right back.

M: ⑧ (T　　) a (m　　).

②アフターファイブの誘い

会話の訳

Scene 1 ジム：僕は1日、結構忙しかったよ。君はどうだった？

マリ：ええ、かなり忙しかったわ。昼ごはんも食べ損ねたくらいよ。

ジ：そりゃ大変だったね！ 最近は何をやっているの？

マ：中国人観光客向けのパックツアーの手配をしているのよ。春節の休暇がもうすぐそこだから、私にとっては今が1年で一番忙しい時期なの。

Scene 2 ジ：仕事の後、ちょっとビールでもどう？

マ：そうしたいけど、無理だわ。今夜は残業しなきゃ。

ジ：いいじゃん、リラックスする時間が必要だよ。

マ：このレポートを遅くとも10時までに提出しないといけないの。実は昨日が期限だったの。

Scene 3 ジ：Stirbacks で何か買ってきてあげようか？

マ：え、お願いできる？ ありがと。じゃあ、トールサイズのホットチョコレートと、チキンサンドイッチを買ってきてもらえるかな？

ジ：いいよ。すぐ戻るね。

マ：本当にありがと。

TASK 1 Listen! 解答例

Point 1 中国人観光客向けのパックツアーの手配。

Point 2 昨日。

Point 3 ホットチョコレートとチキンサンドイッチ。

社内コミュニケーション

TASK 3 Check & Read Aloud! 確認と音読

TASK2で書き取ったフレーズに関する知識を深めよう。さらに音声に収録されている例文を聞き、ポーズのところで音読してみよう。慣れてきたら文字を見ずに、聞こえてきた音声をまねて言ってみよう。

023 ① What are you up to these days? C
最近は何をやっているの？、最近はどうしているの？

解説 be up to ~ は「〜を手掛けている、〜に従事している」。会話例ではジムがマリに「最近はどんな仕事をしてるの？」という意味で、What are you up to these days? と聞いています。久しぶりに会う相手にあいさつ代わりに「どうしてた？」と聞くなら、What have you been up to these days? のように現在完了を使うことが多いです。現在形でWhat are you up to? だけだと、「今、何してるの？」「これから何をする予定なの？」、また文脈によっては「何をたくらんでるの？」になります。

例文 Hi, John. I haven't seen you for a long time. What are you up to these days? （こんにちは、ジョン。ずいぶんご無沙汰だね。最近は何をしているの？）

024 ② (be) just around the corner N もうすぐそこ、すぐ近くにある

解説 just around the corner は直訳すると「角を曲がった所」ですが、「すぐ近く」という意味合いで使われます。The car is parked just around the corner. （車はすぐそこに駐車してある）のように距離的な意味で使うこともあれば、Signing the contract is just around the corner. （もうすぐ契約締結にこぎ着ける）のように時間的な意味で使うこともあります。

例文 Christmas is just around the corner. Have you finished your shopping yet? （クリスマスはもうすぐそこだね。ショッピングはもう終わった？）

025 ③ I'd love to, but I can't. N ぜひそうしたいのですが、無理です。

解説 アフターファイブの誘いを角を立てずに断りたいときは、このフレーズがぴったり。むげに I can't. と言うのではなく、I'd love to but（すごくそうしたいけれど）を加えることで、柔らかくなります。断った後には、その理由も軽く言った方がいいでしょう。

例文 "Would you like to take a walk with us?" "I'd love to, but I can't. I'm waiting for a phone call." （「一緒に散歩に行かない？」「ぜひ行きたいけど、ダメなんです。電話を待っているので」）

② アフターファイブの誘い

© **Colloquial** カジュアルな口語表現。会話で使います。
Ⓝ **Neutral** ニュートラルな表現。会話、文章で使います。
Ⓟ **Polite** 丁寧な表現。フォーマルな会話、文書で使います。

◀ 026 ④ turn in ~ Ⓝ ～を提出する

解説 「基本動詞＋副詞／前置詞」の「句動詞」を使いこなせるようになると、会話力はぐっとアップします。turn in ~ は、ここでは書類や課題などを「提出する」という意味で使われています。turn の句動詞にはほかにも turn up（上向く、現れる、[音量など] を上げる）、turn down（下降する、～を却下する、音量などを下げる）、turn out（～という結果になる）などたくさんあります。

例文 Please turn in this essay by next Friday.（次の金曜日までにこの論文を提出してください）

◀ 027 ⑤ at the latest Ⓝ 遅くとも

解説 at the latest は「最も遅い時で」、つまり「遅くとも」。I must be in the office by 9 o'clock at the latest.（私は遅くとも9時までには出社しなければならない）、The orders are shipped within 7 days of payment at the latest.（注文の品は支払い後遅くとも7日以内に発送されます）のように使います。逆は at the earliest（早くとも）。こちらはよく at the earliest possible time/date/opportunity（できるだけ早い時期／日／機会に）という形で使われます。

例文 I'll be there by 5 o'clock at the latest.（遅くとも5時までに伺います）

◀ 028 ⑥ (be) due ~ Ⓝ ～が期限である、～が締め切りである

解説 due という形容詞は、「～する予定になっている、～が期限の」という意味です。The report is due tomorrow. なら「レポートの提出期限は明日」ですし、The bill is due on April 1. なら「請求書の支払期限は4月1日」です。頼まれた仕事の締め切りを聞きたいときは、When is this due? と言うことができます。due には「子どもが生まれる予定である」という意味もあります。When is your baby due? で「出産予定日はいつ?」になります。

例文 This bill is due at the end of the month.（この請求書の支払期限は今月末だ）

029 ⑦ Would you? Ⓝ
そうしていただけますか？　お願いしていいですか？

解説 この Would you? は、Would you do that for me?（私のためにそうしてくれますか？）の後半が省略された表現です。何か親切な申し出を受けたとき、一言 Oh, would you?（え、お願いしていいんですか？）のように言うと、ちょっと謙虚にお願いしている感じになります。その後、Thank you. と締めくくれば OK です。

例文 "It's hot in here. Do you want me to open the window?" "Would you? Thanks."（「この部屋、暑いね。窓を開けましょうか？」「そうしてくれますか？　ありがとう」）

030 ⑧ Thanks a million. Ⓒ **本当にありがと。感謝！**

解説 ちょっとした親切に対する「ありがとう」「すみません」は Thanks. ですが、親しい人に気軽に「ほんとにありがと！」「感謝！」と言いたいときには、Thanks a million. という表現が使えます。a million は「100万」で、恐らく、Thanks a million times. （100万回お礼を言うよ）というところから来ているのでしょう。million の次の単位は billion（10億）で、Thanks a billion. と言う人もいます。

例文 You really helped me out with this report. Thanks a million!（このレポートを君が手伝ってくれて本当に助かったよ。感謝！）

TASK 2 Write down! 解答

① (What) (are) you (up) (to) (these) (days)
② (just) (around) the (corner)
③ I'd (love) (to), but I (can't)
④ (turn) (in)
⑤ (at) the (latest)
⑥ it was (due) yesterday
⑦ (Would) (you)
⑧ (Thanks) a (million)

PART 1_UNIT 02

PART 1
PART 2
PART 3
PART 4
PART 5

TASK 4 Review Quizzes 復習問題

最後に2種類の復習問題に挑戦し、学習を締めくくろう。

1. クイックレスポンス 🔊 031-034

音声に収録されている①〜④の文に続けて、応答になり得るセンテンスを A)-D)
から選び、口頭で読み上げよう。

（解答がチャイム音に続けて読まれます。解答の後のポーズで自分でも言ってみま
しょう。解答とトランスクリプション➡ p.030）

① ＿＿＿＿＿＿　② ＿＿＿＿＿＿　③ ＿＿＿＿＿＿　④ ＿＿＿＿＿＿

A) Would you? Thanks, it's actually quite heavy.

B) That's so sweet of you! Thanks a million.

C) By 4 at the latest.

D) I'd love to but I can't. I have to finish this before the end of
the day.

2. 和文英訳

⑤〜⑧の日本語に合うよう、英文の下線部に英語を入れよう。（解答➡ p.030。
正解の英文は音声も聞いて確認し、ポーズの部分で音読やリピーティングをしま
しょう）

⑤ 私はいつ願書を提出したらいいんでしょうか？
When do I have to ＿＿＿＿＿＿ my application?

⑥ こんにちは、ボブ。ずいぶん久しぶりだね。最近は何をやっているの？
Hi, Bob. I haven't seen you for ages. ＿＿＿＿＿＿＿＿＿＿
＿＿＿＿＿＿＿＿ ?

⑦ 4月はもうすぐそこです、そして、それはもうじき新学年が始まるということです。
April is ＿＿＿＿＿＿＿＿＿＿＿, and that means the new school
year is about to begin.

⑧ 来週が（提出）期限だと思っていた書類は、実は今週が期限だ。
The paper I thought was ＿＿＿＿＿ next week is actually ＿＿＿＿＿
this week.

TASK **4** Review Quizzes 解答

1. クイックレスポンス

① B)

🔊 031 Here, I bought you some flowers. — That's so sweet of you! Thanks a million.

これ、君に花を買ってきたよ。——まあ、優しいのね！　本当にありがと。

② D)

🔊 032 We're going out for dinner. Do you want to join us? — I'd love to, but I can't. I have to finish this before the end of the day.

私たち、夕食に出掛けるんだけど、一緒に行く？——そうしたいけど、無理なの。今日中にこれを終わらせなくちゃいけなくて。

③ A)

🔊 033 Shall I carry that bag for you? — Would you? Thanks, it's actually quite heavy.

そのバッグ、お持ちしましょうか？——そうしていただけますか？　ありがとう、これ、実はかなり重いの。

④ C)

🔊 034 When will you be back? — By 4 at the latest.

いつ戻る？——遅くとも4時には。

2. 和文英訳

⑤ 🔊 035 When do I have to turn in my application?

⑥ 🔊 036 Hi, Bob. I haven't seen you for ages. What are you up to these days?

⑦ 🔊 037 April is just around the corner, and that means the new school year is about to begin.

⑧ 🔊 038 The paper I thought was due next week is actually due this week.

UNIT 03 　社内コミュニケーション　③秘密を聞き出す

「ネクタイなんて、どうしたの?」

休憩所で同僚のサイモンに会いました。いつもラフな服装の彼ですが、今日はパリッとしたスーツ姿です。ケンジは「何かあるの?」と聞き出そうとしますが、サイモンの口は重く……。

TASK 1 　Listen! 　まずは聞いてみよう 　　　🔊 039-041

まずはこれから学習するフレーズを含んだ会話例を聞いてみよう。下記のポイントを聞き取るつもりで、集中して挑もう。(解答例➡ p.033下)

Point 1 　サイモンはネクタイ着用のほかに、どこがいつもと違っていた? ＿＿＿＿

Point 2 　サイモンは今日の午後、どんな予定がある? ＿＿＿＿＿＿＿＿＿＿＿＿

Point 3 　サイモンは JTA 社のどこに魅力を感じている? ＿＿＿＿＿＿＿＿＿＿

社内コミュニケーション

TASK **2** | Write down! 書き取ろう

トランスクリプションを確認しながら、もう一度会話を聞こう。下線部は TASK1 のカギとなる部分です。また、フレーズ部分を聞き取って、空欄を埋めてみよう。
（解答➡ p.036）

Scene 1
🔊 039

Kenji: Hey, Simon, you look different today. ① (W   )
(w) the tie? What's the occasion?

Simon: Nothing. Just ② for a (c   ) of (p   ).

K: And you had your hair cut. Oh, I see. ③ You're (g   )
(o) (w) someone tonight, right?

S: It's nothing like that.

K: Come on, tell me. Who's your date?

Scene 2
🔊 040

S: ④ (I   ) (n   ) (t   ), really.

K: What's going on, then?

S: Promise you're not going to tell anyone?

K: ⑤ (Y   ) (h   ) my (w   ).

S: I have a job interview with JTA this afternoon.

Scene 3
🔊 041

K: Are you going to leave HIJ?

S: If JTA will hire me, yeah.

K: I hear the work is demanding and the hours are long there.

S: But their pay's ⑥ (w   ) (w   ) (i). ⑦ I'll be (b   )
(o) working for them.

K: ⑧ I (w   ) think only of the money (i) I (w   )
(y).

③秘密を聞き出す

会話の訳

Scene 1 ケンジ：やあ、サイモン。今日は雰囲気違うじゃない。ネクタイなんて どうしたの？　何かあるの？

サイモン：何もないよ。ちょっとした気分転換にね。

ケ：しかも髪まで切って。あ、わかった。今夜誰かとデートに行くん だ、そうだろ？

サ：そんなんじゃないよ。

ケ：いいじゃん、教えてよ。相手は誰？

Scene 2 サ：ほんとに、そんなんじゃないよ。

ケ：じゃあ、どうしたんだよ？

サ：誰にも言わないって約束する？

ケ：約束する。

サ：今日の午後、JTA の就職面接を受けるんだ。

Scene 3 ケ：HIJ を辞めるの？

サ：JTA が雇ってくれたらね、うん。

ケ：あそこ、仕事はきついし、労働時間も長いらしいじゃないか。

サ：でも給料はそれに見合う価値があるよ。あそこで働いた方が僕 は幸せになれる。

ケ：僕だったら金のことばかり考えたりしないな。

TASK 1 Listen! 解答例

Point 1 髪を切っていた。

Point 2 JTA の就職面接。

Point 3 給料。

TASK 3 Check & Read Aloud! 確認と音読

TASK2で書き取ったフレーズに関する知識を深めよう。さらに音声に収録されている例文を聞き、ポーズのところで音読してみよう。慣れてきたら文字を見ずに、聞こえてきた音声をまねて言ってみよう。

◀ 042 ① What's with ~? © ～なんてどうしたの？

解説 いつもと違う格好をしていたり、珍しい物を持っていたりする人には、What's with the ~?（その～、どうしたの？）と尋ねることができます。また、いつもと様子が違う人を心配して、What's with you?（どうしたの？　なんか変だよ？）と言うことも。What's with the long face?（浮かない顔して、どうしたの？）という表現も覚えておきましょう。

例文 "What's with the line at that restaurant?" "Oh, it's really popular."（「あのレストランの行列はどうしたの？」「ああ、あそこ、すごく人気があるの」）

◀ 043 ② for a change of pace Ⓝ 気分転換に、息抜きに

解説 a change of pace は、「（歩く）速度を変えること」から、「これまでのやり方を変えること」「気分転換」という意味になります。for a change だけで使うこともよくあります。こちらは「たまには」「珍しく」という意味にもなります。Hey, you're on time for a change. と言われたら、「気分転換に時間どおりだね」ではなく、「珍しく遅刻しなかったね」という嫌みです。

例文 We always stay home on the weekend. I want to go to the beach for a change of pace.（私たち、週末はいつも家にいるよね。気分転換にビーチに行きたいな）

**◀ 044 ③ (be) going out with ~ Ⓝ
　　　　～とデートに出掛ける、～と付き合っている**

解説 go out with ~ には2つの意味があります。tonight や this Friday のように時を表す言葉を伴っていれば、その日時に「～と外出する、デートする」という意味ですが、go out with だけだと「～と付き合う」という意味にもなります。つまり、I'm going out with her. は、「これから彼女と外出する／デートする」のほか、「私は彼女と付き合っている」とも解釈できるわけです。

例文 I'm going out with Catherine tomorrow. Where should we go?（明日、キャサリンとデートするんだ。どこに行けばいいかな？）

© **Colloquial** カジュアルな口語表現。会話で使います。
Ⓝ **Neutral** ニュートラルな表現。会話、文章で使います。
Ⓟ **Polite** 丁寧な表現。フォーマルな会話、文書で使います。

🔊 **045** ④ **It's not that.** © そんんじゃないよ。そういうことではなくて。

解説 簡単な言い回しなのに使えそうで使えないのが、この It's not that.。最後の that は代名詞で、相手の発言の内容を指します。瞬間的に「いや、そうじゃなくて」と否定したいときに使えますね。ちなみに、It's not that easy.（そんな簡単な話じゃないよ）もよく聞く応答フレーズですが、この that は「それほど」という意味の副詞です。

例文 "You seem distant lately ... did I do something wrong?" "No, it's not that. I'm just too tired."（「最近、なんかよそよそしいね……僕、何か悪いことした?」「いや、そんんじゃないわ。ただすごく疲れてるだけ」）

🔊 **046** ⑤ **You have my word.** Ⓝ 約束します。自分が保証します。

解説 「約束」は promise という単語もありますが、one's word（[その人がした]約束）という表現もよく使われます。I give you my word. と言っても同じ意味になります。「約束してくれますか?」なら Do I have your word?、「私は約束は守ります」なら I'll keep my word.、「約束を破らないでよ」なら Don't break your word. です。

例文 Your secret is safe with me. You have my word.（あなたの秘密は誰にも漏らしません。約束します）

🔊 **047** ⑥ **(be) well worth it** Ⓝ
　　　　その価値は十分ある、それに見合う価値がある

解説 worth ~ は「~の価値がある、~に値する」。It's worth $100,000. で「それは10万ドルの価値がある」です。「~」には金額や行動が入りますが、会話の中では it が便利。例えば、Are you going to line up and wait for hours to buy that?（それを買うのに何時間も並んで待つの?）に、It's worth it. と言えば、「並ぶ価値はあるんだ」となります。

例文 The line at that restaurant is long, but the food is well worth it.（あのレストランの行列は長いけど、あそこの食事にはその価値は十分ある）

◀ 048 ⑦ (be) better off **Ⓝ**
より良い状態である、～の方が幸せだ、～した方がいい

解説 金銭的なことに限らず、前より恵まれた状態になることを be better off と言います。「～する方が良い」と言うときは be better off -ing のように後ろに動詞の-ing形を続けます。例えば、He'll be better off living alone. で「彼は一人で生活する方が快適だろう」です。「ずっと良い状態になる」と強調したければ、He'll be <u>much</u>/<u>far</u> better off ... のように、副詞の much や far を足しましょう。逆は be worse off（暮らし向きが悪くなる）です。

例文 He's better off working for a smaller company. He seems happier there. (彼は小さい会社で働く方がいい。あの会社にいる方が幸せそうだ)

◀ 049 ⑧ I wouldn't ~ if I were you. **Ⓝ** 私なら～はしない。

解説 これはおなじみの仮定法の表現、If I were ~, I <u>would</u>/<u>wouldn't</u> ... をひっくり返した言い方。「私だったら…するな／しないな」という意味で、会話例のように、アドバイスをするとき、あるいは批判するときによく使う表現です。if I were you は if I were in your position（私があなたの立場だったら）とも言い換えられます。

例文 I wouldn't swim in that river if I were you. The water is moving too fast. (私だったらその川で泳いだりしないわ。流れが速過ぎるから)

TASK 2 Write down! 解答

① (What's) (with) the tie
② for a (change) of (pace)
③ You're (going) (out) (with) someone
④ (It's) (not) (that)
⑤ (You) (have) my (word)
⑥ (well) (worth) (it)
⑦ I'll be (better) (off)
⑧ I (wouldn't) think only of the money (if) I (were) (you)

TASK 4 Review Quizzes 復習問題

最後に2種類の復習問題に挑戦し、学習を締めくくろう。

1. クイックレスポンス 🔊 050-053

音声に収録されている①〜④の文に続けて、応答になり得るセンテンスを A)-D) から選び、口頭で読み上げよう。

（解答がチャイム音に続けて読まれます。解答の後のポーズで自分でも言ってみましょう。解答とトランスクリプション → p.038）

① _____ ② _____ ③ _____ ④ _____

A) Yes. It'll be well worth it.
B) I wouldn't touch that if I were you.
C) I wanted to wear one for a change of pace.
D) You have my word.

2. 和文英訳

⑤〜⑧の日本語に合うよう、英文の下線部に英語を入れよう。（解答 → p.038。正解の英文は音声も聞いて確認し、ポーズの部分で音読やリピーティングをしましょう）

⑤ 来週末、マイクとデートするの。映画を見ようと思ってるのよ。

I'm _____ Mike next weekend. We're planning to see a movie.

⑥ ネットで買った方がいいよ。その方が安いから。

You'd _____ buying it online. It's cheaper.

⑦「気分が悪いなら帰宅してもいいですよ」
　「そうじゃないんです。母が昨日事故に遭って」

"You can go home if you're not feeling well."
" _____ . My mother had an accident yesterday."

⑧ 寝袋なんてどうしたの？　キャンプに行くの？

_____ the sleeping bag? Are you going camping?

TASK **4** Review Quizzes 解答

1. クイックレスポンス

① **B)**

🔊 **050** Maybe you're supposed to push this button. — I wouldn't touch that if I were you.

このボタンを押すんじゃないかなあ。――私ならそれには触らないわ。

② **C)**

🔊 **051** I think this is the first time I've seen you in a dress. — I wanted to wear one for a change of pace.

君がワンピースを着ているのを見るのは初めてだと思うよ。――気分転換に着てみたかったの。

③ **A)**

🔊 **052** So you think I should buy the more expensive car? — Yes. It'll be well worth it.

つまり、より高い車を買った方がいいってこと?――うん、その価値は十分にあるわ。

④ **D)**

🔊 **053** So you promise you'll water my garden while I'm gone? — You have my word.

じゃあ、私がいない間、うちの庭に水をやると約束してくれる?――約束するわ。

2. 和文英訳

⑤ 🔊 **054** I'm going out with Mike next weekend. We're planning to see a movie.

⑥ 🔊 **055** You'd be better off buying it online. It's cheaper.

⑦ 🔊 **056** "You can go home if you're not feeling well."
"It's not that. My mother had an accident yesterday."

⑧ 🔊 **057** What's with the sleeping bag? Are you going camping?

UNIT 04　社内コミュニケーション　④体験を語る

「それで良かったんだよ」

翌日、また休憩室でサイモンと顔を合わせたケンジ。サイモンの服装は元に戻っていました！　ケンジは、昨日のJTA社の面接はどうだったか聞いてみます。

TASK 1　Listen!　まずは聞いてみよう　🔊 058-060

まずはこれから学習するフレーズを含んだ会話例を聞いてみよう。下記のポイントを聞き取るつもりで、集中して挑もう。（解答例 ➡ p.041 下）

Point 1 サイモンはJTAに就職したい理由を聞かれて、どう答えた？ ＿＿＿＿＿

Point 2 サイモンは今働いているHIJ社をどう思っている？ ＿＿＿＿＿＿＿＿

Point 3 ケンジはなぜサイモンが合格しなくて良かったと思っている？ ＿＿＿＿＿

社内コミュニケーション

(TASK **2**) **Write down!** 書き取ろう

トランスクリプションを確認しながら、もう一度会話を聞こう。下線部は TASK1
のカギとなる部分です。また、フレーズ部分を聞き取って、空欄を埋めてみよう。
（解答 → p.044）

Scene 1 🔊 058

Kenji: Hi, Simon, ①(h   ) (d   ) the interview (g   )?

Simon: It didn't go well. I totally ②(s   ed) it (u).

K: What did you do?

S: They asked me why I wanted to work for JTA, and I
said, "For the money, of course."

K: Oh, boy.

Scene 2 🔊 059

S: ③I (c   ) (b   ) I (s   ) (t   ). I think I was so
nervous ④it just (s   ped) (o).

K: No, you were just being honest.

S: They also asked me why I wanted to leave HIJ.

K: And what did you answer to that?

S: ... I said, I never wanted to leave HIJ.

Scene 3 🔊 060

K: ⑤(I) (s) it's good that you didn't get the JTA job.
Their pay is good but ⑥they (w   ) you (t   )
(d   ).

S: Well, ⑦I'm (n   ) (r   ) (s   ) about that.

K: Believe me, ⑧it was (f   ) (t   ) (b   ).

④体験を語る

会話の訳

Scene 1　ケンジ：やあ、サイモン。面接はどうだった？

サイモン：うまくいかなかったよ。完全に失敗しちゃった。

ケ：何をしたんだよ？

サ：なぜJTAで働きたいか聞かれて、「もちろんお金のためです」って答えたんだ。

ケ：おやおや。

Scene 2　サ：なんであんなこと言っちゃったんだろう。緊張し過ぎてただ口が滑ったんだろうな。

ケ：いや、正直に言っただけだと思うよ。

サ：なんでHIJを辞めたいかも聞かれたんだよね。

ケ：それにはどう答えたの？

サ：……HIJを辞めたいなんて思ってない、って。

Scene 3　ケ：僕に言わせればJTAに就職できなかったのはいいことだよ。給料はいいけど死ぬほど働かされるよ。

サ：さあ、それはどうかな。

ケ：ほんとだよ、かえって良かったんだよ。

TASK 1　Listen!　解答例

Point 1　お金のため。

Point 2　辞めたいなんて思っていない。

Point 3　給料はいいけれど、死ぬほど働かされるから。

041

TASK 3 Check & Read Aloud! 確認と音読

TASK2で書き取ったフレーズに関する知識を深めよう。さらに音声に収録されている例文を聞き、ポーズのところで音読してみよう。慣れてきたら文字を見ずに、聞こえてきた音声をまねて言ってみよう。

061 ① How did ~ go? C ～はどうだった?

解説 How did it go? は、仕事やデート、面接など、いろんなことを指して「あれ、どうだった?」「うまくいった?」と聞ける簡単なフレーズ。it の代わりに具体的な出来事を入れて応用することができます。答え方は、It went pretty well.（うまくいったよ）や、It didn't go very well.（あんまりうまくいかなかった）などになります。

例文 How did your son's birthday party go? Did he have fun?（息子さんの誕生日パーティーはどうだった?　彼は楽しんだかな?）

062 ② screw up C へまをやらかして～をダメにする、～を台無しにする

解説 名詞の screw（ねじ、スクリュー）からもイメージできるように、screw up は「（何かをかき乱して）台無しにした」、「へまをやらかした」という表現です。I screwed up.（失敗しちゃった）だけでも使えますし、会話例のように代名詞の it を間に置いて I screwed it up.（失敗しちゃった、ダメにしちゃった）とも言えます。また、「ダメにしたもの／こと」を後ろに置いて、I screwed up the project.（プロジェクトを台無しにしちゃった）のようにも言えます。

例文 I screwed up at work, and now my boss is angry at me.（仕事でへまをしちゃって、上司は今、私に腹を立てている）

063 ③ I can't believe I said that. C
なんであんなこと言ったんだろう。変なこと言っちゃった。

解説 思ってもいないことを言ってしまったり、うっかり失言したりしたときの後悔の決まり文句がこれ。人の発言について、I can't believe you said that.（あなた、何てことを言うの）、I can't believe he said that.（彼、よくあんなこと言えるね）のように言うと、人をとがめるフレーズになります。

例文 I told John I didn't like his haircut. I can't believe I said that.（ジョンに、君のヘアスタイルが気に入らないって言ったんだ。なんであんなこと言っちゃったんだろう）

> **ⓒ Colloquial** カジュアルな口語表現。会話で使います。
> **Ⓝ Neutral** ニュートラルな表現。会話、文章で使います。
> **Ⓟ Polite** 丁寧な表現。フォーマルな会話、文書で使います。

🔊 064 ④ slip out Ⓝ 口が滑る、うっかり口に出る

解説 It slipped out of my mouth. は「うっかり口が滑った」ということですが、It slipped out. だけでも同じ意味になります。ちなみに「記憶から滑り落ちてた」＝「うっかり忘れてた」は It slipped (out of) my memory/my mind. です。

例文 I called my wife by my ex-girlfriend's name by accident. I don't know why, but it just slipped out. (妻のことをうっかり昔の彼女の名前で呼んでしまった。なぜかわからないけれど、口が滑ったんだ)

🔊 065 ⑤ I'd say ... ⓒ
私に言わせれば…、まあ…じゃないかな、たぶん…だと思う

解説 I'd say は I would say の略。自分の意見を述べるときの前置きフレーズです。この言い回しには、「ほかの人はどう言うかわからないけど、私はこう言いたいな」という控えめな気持ちが隠れています。要するに、I think に近いと言えます。例：I'd say we did a pretty good job. (僕たち、まあ、結構よくやったと言えるんじゃないかな)。

例文 That sounds serious. I'd say you need to go to a doctor. (それは深刻そうだね。たぶん、君は医者に行くべきだと思うよ)

🔊 066 ⑥ work ~ to death ⓒ ～を死ぬほど働かせる

解説 「動詞＋ to death」で、文字通りの「死ぬまで～する」、または、「死ぬほど～する」になります。会話例の They work you to death. であれば、「彼ら (＝あの会社) は君を死ぬほど働かせるよ」＝「君はこき使われるよ」ということ (この work は他動詞の「～を働かせる」) です。to death を使った表現には、I was bored to death. (死ぬほど退屈だった)、I was scared to death. (死ぬほど怖かった) などもあります。

例文 I'm taking on three part-time jobs to make ends meet. I'm working myself to death. (今、生計を立てるために3つのアルバイトをしている。死ぬほど働いているよ)

🔊 067 ⑦ I'm not really sure about that. **Ⓝ**
それはどうでしょう。そうかな。よくわかりません。

解説 I'm not really sure about that. は、もちろん、文字通りの「よくわかりません、確信は持てません」という意味でも使いますが、相手の意見や提案に同意できないときに、「それはどうかなあ」「あんまりいいとは思えないなあ」とやんわり反対するためにもよく使います。not really ...（それほど…）が控えめな感じを強めています。

例文 "We should leave early." "I'm not really sure about that. The road is busy in the morning."（「早く出発するべきよ」「それはどうかな。朝は道路が混んでいるよ」）

🔊 068 ⑧ (be) for the best **Ⓒ** **かえってその方がいい、結局一番良い**

解説 be for the best は直訳すると「最善のために」ですが、ニュアンスとしては、「その方がかえっていいよ／良かったよ」という意味です。一見、良くない状況に思えても、それが結果的に良い結果になる（なった）というとき、It's for the best./It'll be for the best.、It was for the best. のように言います。

例文 "Bob and Grace aren't dating anymore." "It's for the best. They were arguing almost every day."（「ボブとグレースはもう付き合っていないわ」「その方がいいんだよ。ほとんど毎日口げんかしてたからね」）

TASK 2 **Write down! 解答**

① (how) (did) the interview (go)
② (screwed) it (up)
③ I (can't) (believe) I (said) (that)
④ it just (slipped) (out)
⑤ (I'd) (say)
⑥ they (work) you (to) death
⑦ I'm (not) (really) (sure) about that
⑧ it was (for) (the) (best)

TASK 4 Review Quizzes 復習問題

最後に2種類の復習問題に挑戦し、学習を締めくくろう。

1. クイックレスポンス 🔊 069-072

音声に収録されている①〜④の文に続けて、応答になり得るセンテンスを A)-D) から選び、口頭で読み上げよう。

（解答がチャイム音に続けて読まれます。解答の後のポーズで自分でも言ってみましょう。解答とトランスクリプション ➡ p.046）

① _____ ② _____ ③ _____ ④ _____

A) I'd say that sounds about right.
B) I know! I can't believe I said that.
C) That job is going to work you to death!
D) I think my little brother screwed it up.

2. 和文英訳

⑤〜⑧の日本語に合うよう、英文の下線部に英語を入れよう。（解答 ➡ p.046。正解の英文は音声も聞いて確認し、ポーズの部分で音読やリピーティングをしましょう）

⑤ バリーはコンサートは完売だって言うけど、どうなんでしょうね。

Barry says the concert is sold out, but _____

_____ .

⑥ テストはどうだった？　合格した？

_____ ? Did you pass?

⑦ 私、ワシントンって言った？　ワイオミングって言おうとしたのに。口が滑ったわ。

Did I say Washington? I meant Wyoming. It just _____ .

⑧ いずれにしても、今日雨が降ったのはかえって良かったよ。仕事がたくさんあるから。

Today's rain is _____ , anyway. I have a lot of work to do.

TASK **4** | **Review Quizzes** 解答

1. クイックレスポンス

① D)

🔊 069 Hey, why isn't your computer working? — I think my little brother screwed it up.

ねえ、なんであなたのコンピューターは動いてないの?──弟が壊しちゃったみたい。

② C)

🔊 070 I haven't had a day off in two weeks. — That job is going to work you to death!

この2週間、1日も休みを取ってないわ。──その仕事、君を過労死させるよ!

③ B)

🔊 071 Maria didn't want you to tell Kurt that she was getting married. — I know! I can't believe I said that.

マリアは結婚することをカートに話してほしくなかったのよ。──そうなんだよ! なんであんなこと言っちゃったんだろう。

④ A)

🔊 072 How old's the queen now? 80? — I'd say that sounds about right.

女王って今、おいくつ? 80歳?──まあ、だいたいそんなところだと思うよ。

2. 和文英訳

⑤ 🔊 073 Barry says the concert is sold out, but I'm not really sure about that.

⑥ 🔊 074 How did your test go? Did you pass?

⑦ 🔊 075 Did I say Washington? I meant Wyoming. It just slipped out.

⑧ 🔊 076 Today's rain is for the best, anyway. I have a lot of work to do.

UNIT 05 　社内コミュニケーション　⑤うわさ話をする

「彼、辞めるんだって」

ケンジに説得され、転職活動を思いとどまったサイモン。でもその数カ月後、ケンジと同じ部署のナンシーから、驚きのニュースを聞きます。

TASK 1 Listen! まずは聞いてみよう 🔊 077-079

まずはこれから学習するフレーズを含んだ会話例を聞いてみよう。下記のポイントを聞き取るつもりで、集中して挑もう。(解答例➡ p.049下)

Point 1 退職届を出したのは誰？ ＿＿＿＿＿＿＿＿＿＿＿＿＿＿＿＿＿

Point 2 ナンシーはその人物の退職をどういう経緯で知った？ ＿＿＿＿＿

Point 3 その人物の赴任先は？ ＿＿＿＿＿＿＿＿＿＿＿＿＿＿＿＿＿

社内コミュニケーション

TASK **2** Write down! 書き取ろう

トランスクリプションを確認しながら、もう一度会話を聞こう。下線部は TASK1
のカギとなる部分です。また、フレーズ部分を聞き取って、空欄を埋めてみよう。
（解答➡ p.052）

Scene 1　Simon: Hey Nancy, ①(h　)(a　)(th　)(w　)(y　)?

🔊 077　Nancy: Great, Simon. Have you heard the news?

S: We can all ②(t　)a (d　)(o　)?

N: No, something even more surprising.

Scene 2　N: Kenji ③has (h　ed)(i）his (n　)!

🔊 078　S: Are you sure?

N: ④(I　)(p　). He told me so himself.

S: ⑤I was (u　)(t　)(i　)(th　) he was happy
working here.

N: I think he was.

Scene 3　S: So, why is he leaving?

🔊 079　N: Better pay, longer holidays, nicer company car and,

⑥(I　)(b　)(n　)(l　), a company house!

S: A house! ⑦(N　)(w　). He couldn't turn it down,
could he? Where is it?

N: Point Mackenzie ... Alaska.

S: ⑧(Th　)(t　).

⑤うわさ話をする

会話の訳

Scene 1　サイモン：やあ、ナンシー。調子はどう？

　　　　ナンシー：上々よ。サイモン、あのニュース、聞いた？

　　　　サ：全員、1日休みを取ることができるとか？

　　　　ナ：いいえ。それよりもっと驚くようなことよ。

Scene 2　ナ：ケンジが辞表を提出したのよ！

　　　　サ：ほんとに？

　　　　ナ：間違いないわ。彼がそう自分で言ってたもの。

　　　　サ：彼はここで働くことに満足してると思い込んでいた。

　　　　ナ：満足してたと思うわよ。

Scene 3　サ：じゃあ、彼はどうして辞めるんだい？

　　　　ナ：給料もいいし、休みも多いし、社用車もいいし、最後にもう一つ
　　　　　　大事なのが、社宅があるのよ！

　　　　サ：家だって！　そういうことか。断れるわけないよね。その会社、ど
　　　　　　こにあるの？

　　　　ナ：ポイント・マッケンジーよ……アラスカの。

　　　　サ：それは大変だね。

TASK **1** Listen! 解答例

Point 1 ケンジ。

Point 2 彼が自分でそう言っていた。

Point 3 アラスカ州のポイント・マッケンジー。

TASK 3 Check & Read Aloud! 確認と音読

TASK2で書き取ったフレーズに関する知識を深めよう。さらに音声に収録されている例文を聞き、ポーズのところで音読してみよう。慣れてきたら文字を見ずに、聞こえてきた音声をまねて言ってみよう。

◀ 080 ① How are things with you? ⓒ 変わりはない?、調子はどう?

解説 「お元気ですか?」の代表格は How are you? ですが、この How are things with you? も覚えておくといいでしょう。例えば、出張先から家に電話して「そっちはどう？ 変わりない？」と聞くのにも、How are things with you? が使えます。答え方は、会話例にある Great.(いいよ)や、Everything's fine.(万事順調です)、I'm doing OK.(まあまあ)が定番です。

例文 "Hi, Roger." "Hi, Sandy, how are things with you?"(「こんにちは、ロジャー」「こんにちは、サンディー。変わりはない?」)

◀ 081 ② take a day off Ⓝ 1日休みを取る

解説 take a day off は「1日をオフにする」、すなわち「1日休暇を取る」です。a day の部分は応用可能。例えば I'll take a few days off from work.(数日、仕事を休むつもり)、I took a week off in December.(12月に1週間休みを取った)などです。「午前中／午後を休んだ」took the morning/afternoon off、「(漠然と)ちょっと休む」take some time off も覚えておくといいでしょう。

例文 "I haven't seen Mr. Price today." "No, he decided to take a day off."(「今日はプライスさんを見てないわ」「いや、彼は1日休みを取ることにしたんだよ」)

◀ 082 ③ hand in one's notice Ⓝ 辞表を提出する

解説 notice は「通知、お知らせ」ですが、「退職予告」、「解雇通告／予告」という意味もあります。hand in one's notice または give (one's) notice で、「辞表を提出する」という意味になります。逆に会社から解雇を通告されたときは、I was given my notice. です。ちなみにアメリカの企業では、退職希望日の2週間前には辞表を提出するのが一般的な慣習で、two weeks notice で「辞表」になります。

例文 "You look happy!" "Yes, I've just handed in my notice."(「うれしそうね!」「うん、今、辞表を出してきたとこなんだ」)

© **Colloquial** カジュアルな口語表現。会話で使います。
Ⓝ **Neutral** ニュートラルな表現。会話、文章で使います。
Ⓟ **Polite** 丁寧な表現。フォーマルな会話、文書で使います。

◀ 083 ④ I'm positive. Ⓝ 間違いない。絶対に本当だよ。

解説 この positive は「積極的だ」という意味ではなく、「確信している」という意味。つまり、I'm positive. で「絶対間違いないよ」ということです。I'm 100% sure. ということですね。でも、逆に「全然自信がない」を positive の反意語の negative（否定的な）を使って× I'm negative. とは言いません。それは I'm not sure. になります。

例文 "Are you sure you saw Joanne at the supermarket?" "Yes, I'm positive."（「スーパーでジョアンを見たって本当なの?」「うん、間違いないよ」）

◀ 084 ⑤ I was under the impression that ... Ⓝ
勝手に…という印象を持っていた、てっきり…だと思っていた

解説 impression は「印象」。I was under the impression that ... は「（that 以下のことについて）…だという印象を持っていた」という意味になります。しばしば、事実とは違う思い込みについて述べるときに使います。I was under the impression that he was in his 40s.（彼はてっきり40代だと思ってたよ）のように使います。

例文 "Mr. Tanaka will be here in a minute." "I was under the impression that he wouldn't arrive until this evening."（「田中さんがもうすぐ来るよ」「夕方まで来ないと思っていたのに」）

◀ 085 ⑥ last but not least Ⓝ 最後にもう一つ大事なのが、大事なことを言い忘れていたが、申し遅れましたが

解説 いろいろなことを列挙した後、「最後になりますが、大事なこととして」と締めくくるのが、last but not least というフレーズ。スピーチの最後にもう一言付け加えたいときにもよく使われます。その場合は、「最後になってしまいましたが、申し遅れましたが」という程度のニュアンスです。

例文 The flowers are beautiful, fresh, and last but not least, they're cheap.（この花は美しく、みずみずしく、最後にもう一つ大事なことに、安価だ）

◀ 086 ⑦ No wonder. ⓒ **なるほど、そういうことか。無理もないね。**

解説 wonder は「感嘆すべきこと」ですから、wonder がない (no wonder) は「別に不思議なことではない」ということ。人の話を No wonder. と一言で受ければ、「なるほど、そういうことか」「それなら納得だね」というあいづちになります。また、No wonder の後に文を続けて、「…なのも不思議ではない」という言い方もよくします。Did you really say that? No wonder she's angry. (あなた、本当にそんなこと言ったの？　彼女が怒るのも無理ないね) のように使います。

例文 "I'm boiling in here." "The heating's on full — no wonder." (「ここ、暑くて死にそう」「エアコンが一番強くなってる——なるほど、そういうことか」)

◀ 087 ⑧ That's tough. ⓒ **それは大変ですね。きついね。**

解説 日本語の「それは大変だね」「それはきついね」にぴったりはまる表現が That's tough.。苦労話をいろいろ聞いた後に That's tough. と言うと、それは「大変だったね」と同情する言葉になります。tough には「きつい」以外にも「難しい」という意味もあります。That was a tough decision. と言えば、「あれは難しい決断だった」ということです。

例文 He has to work weekends for the next three months. That's tough. (彼はこれから3カ月土日も働かないといけないんだって。きついよね)

(TASK **2** Write down! **解答**

① (how) (are) (things) (with) (you)
② (take) a (day) (off)
③ has (handed) (in) his (notice)
④ (I'm) (positive)
⑤ I was (under) (the) (impression) (that)
⑥ (last) (but) (not) (least)
⑦ (No) (wonder)
⑧ (That's) (tough)

TASK 4 | Review Quizzes 復習問題

最後に2種類の復習問題に挑戦し、学習を締めくくろう。

1. クイックレスポンス 🔊 088-091

音声に収録されている①～④の文に続けて、応答になり得るセンテンスを A)-D) から選び、口頭で読み上げよう。

（解答がチャイム音に続けて読まれます。解答の後のポーズで自分でも言ってみましょう。解答とトランスクリプション➡ p.054）

① _____ ② _____ ③ _____ ④ _____

A) I'm positive.

B) No wonder you look so happy.

C) You should hand in your notice and find another job.

D) Why don't you take a day off and go see the doctor?

2. 和文英訳

⑤～⑧の日本語に合うよう、英文の下線部に英語を入れよう。（解答➡ p.054。正解の英文は音声も聞いて確認し、ポーズの部分で音読やリピーティングをしましょう）

⑤ 最後に大事なことですが日焼け止めを持ってくるのを忘れないでください。

_____ , don't forget to bring your sun block.

⑥そのプロジェクトを終わらせるのに2日しかもらえなかったの？　それは大変だね。

They only gave you two days to finish the project? _____ .

⑦カール、久しぶりだね。変わりはない？

Long time no see, Carl. _____ ?

⑧ごめん、君はいつもコーヒーを飲んでたような印象があって。代わりに紅茶を入れるね。

Sorry, _____ you usually drank coffee. I'll make tea instead.

社内コミュニケーション

TASK 4 **Review Quizzes** 解答

1. クイックレスポンス

① D)

🔊 088 I feel really ill today. I'm not sure if I can go to work. — Why don't you take a day off and go see the doctor?

今日はほんとに具合が悪いんだ。仕事に行けるかわからない。── 1 日休みを取って医者に行ったらどう?

② B)

🔊 089 I was accepted by the university yesterday. — No wonder you look so happy.

昨日、大学に合格したんだ。──なるほど、それですごくうれしそうなのね。

③ C)

🔊 090 My boss is making me work seven days a week. — You should hand in your notice and find another job.

上司が、1 週間に 7 日も働かせるんだ。──辞表を提出して別の仕事を探した方がいいよ。

④ A)

🔊 091 Are you sure John has your book? — I'm positive.

ジョンが君の本を持っているって、確かなの?──間違いないわ。

2. 和文英訳

⑤ 🔊 092 Last but not least, don't forget to bring your sun block.

⑥ 🔊 093 They only gave you two days to finish the project? That's tough.

⑦ 🔊 094 Long time no see, Carl. How are things with you?

⑧ 🔊 095 Sorry, I was under the impression that you usually drank coffee. I'll make tea instead.

⑤ うわさ話をする

PART 1_Definition Quiz 1

PART 1

PART 2

PART 3

PART 4

PART 5

力試し問題
Definition Quiz 1
英英定義

このPARTで学んだフレーズの意味を英語で説明した「英英定義」のクイズに挑戦してみましょう。音声に収録されている、英語による「フレーズ定義」を聞き、それがどのフレーズの定義なのかを答えてください。解答フレーズはチャイム音に続けて読まれます。(解答とトランスクリプション⇒ p.056)

096

① _____

② _____

③ _____

④ _____

⑤ _____

097

⑥ _____

⑦ _____

⑧ _____

⑨ _____

⑩ _____

098

⑪ _____

⑫ _____

⑬ _____

⑭ _____

⑮ _____

099

⑯ _____

⑰ _____

⑱ _____

⑲ _____

⑳ _____

Answers

トランスクリプションと訳を確認しましょう。わからなかった問題は括弧内の
ページに戻って、フレーズの意味をもう一度確認するようにしましょう。

🔊 096

① When something has started working, it's up and running.

(→ p.018)

何かが動き始めているとき、それは (be) up and running（立ち上がっている）と
言います。

② When something bad happens for a second time, you complain,
"Not again." (→ p.019)

良くないことが2度起きると、あなたは Not again.（またか）と不平を言います。

③ When you think you can help someone, but you're not sure how
much you can help, you can say, "I'll see what I can do." (→ p.019)

誰かの役に立てるとは思うけれど、どれくらい役に立てるかはわからない場合は、
I'll see what I can do.（できるだけやってみる）と言えます。

④ When someone does something to help you, you promise to
help them in the future by saying, "I owe you one." (→ p.020)

誰かがあなたを助けるために何かをしてくれたとき、あなたは I owe you one.（一
つ借りができた）と言って将来その人を助けることを約束します。

⑤ When something is near in location or time, you can say it is
just around the corner. (→ p.026)

何かの場所や時期が近いとき、それが (be) just around the corner（すぐそこ）
だと言えます。

🔊 097

⑥ A friendly way to say that you are busy, and you can't accept
an invitation. — "I'd love to, but I can't." (→ p.026)

忙しくて誘いを受けることができない、ということを感じ良く言う言い方。── I'd
love to, but I can't.（そうしたいのですが、無理なんです）。

⑦ When something must be finished at a certain date or time, it is due at that time. (➡ p.027)

何かが特定の日または時間に完了されなければいけないとき、それはその時が (be) due（期限である）ということです。

⑧ When someone has really helped you or done a big favor, you say, "Thanks a million." (➡ p.028)

誰かが大いに助けてくれたり、親切にしてくれたりしたとき、Thanks a million.（本当にありがと）と言います。

⑨ A casual way to ask "Why are you wearing a tie?" — "What's with the tie?" (➡ p.034)

「なぜネクタイをしているの？」と気軽に聞く言い方 ── What's with the tie? （ネクタイなんて、どうしたの？）。

⑩ When you want to tell someone that their guess is wrong, you can say, "It's not that." (➡ p.035)

誰かに、その推測は間違っていると言いたいとき、It's not that.（そんんじゃないよ）と言えます。

🔊 098

⑪ When you make a serious promise, you can say, "You have my word." (➡ p.035)

真剣な約束をするときには、You have my word.（約束します）と言えます。

⑫ When a situation you are in is better than another situation, you are better off. (➡ p.036)

あなたの状況が別の状況より良いとき、あなたは (be) better off（より良い状態である）です。

⑬ When you want to ask someone if an event was good or not, you can ask "How did it go?" (➡ p.042)

ある出来事が良かったか良くなかったかを誰かに尋ねたいとき、How did it go? （どうだった？）と聞くことができます。

⑭ When you are surprised about something you yourself said, you might say "I can't believe I said that." (➡ p.042)

自分自身が言ったことに驚いたとき、あなたは I can't believe I said that. (なんであんなこと言っちゃったんだろう) と言うかもしれません。

⑮ When you said something which you didn't intend to say, it just slipped out. (➡ p.043)

言おうと思っていなかったことを言ったとき、それはつい slip out (うっかり口に出る) しました。

🔊 099

⑯ If you're working extremely hard, you're working yourself to death. (➡ p.043)

極めて一生懸命に働いているなら、あなたは work yourself to death (死ぬほど働く) しています。

⑰ If you want to greet someone in a friendly way, you can say, "How are things with you?" (➡ p.050)

誰かに親しげにあいさつをしたいとき、How are things with you? (変わりはない?) と言うことができます。

⑱ When you let your company know that you will leave the job, you hand in your notice. (➡ p.050)

会社に辞職することを知らせるときは、hand in your notice (辞表を提出する) します。

⑲ When you mention a final, but important, piece of information, you can say, "last but not least." (➡ p.051)

最後の、それでいて重要な情報に言及するとき、last but not least (最後にもう一つ大事なのが) と言えます。

⑳ If you want to tell someone that a situation is difficult, you can say, "That's tough." (➡ p.052)

状況が厳しいことを誰かに伝えたいとき、That's tough. (それは大変ですね) と言えます。

PART 1_Listening Challenge 1

PART 1

PART 2

PART 3

PART 4

PART 5

力試し問題
Listening Challenge 1
長文リスニング

PART1の総仕上げとして、少し難しいリスニング問題に挑戦してみましょう。ここで聞く長めのモノローグには、このPARTで学んだフレーズが随所にちりばめられています。これらのフレーズは、これまでのTASKを通じて、すでに皆さんの耳と脳にしっかり定着していますから、スピードが速いモノローグの中でも、くっきり浮かび上がって聞こえることでしょう。そうした「お得意フレーズ」を手がかりに、問題を解いてみてください。(トランスクリプション➡ p.060、解答➡ p.062)

🔊 100

① In which city are the restaurants mentioned in this talk located?
 ⓐ Kingston
 ⓑ Montreal
 ⓒ Ontario

② If you order a bagel from "bagel mail" by 6 p.m., when do you get it at the latest?
 ⓐ By 11 p.m. the same day
 ⓑ By 8 a.m. the next day
 ⓒ By noon the next day

③ When did the French restaurant "Paysan" open?
 ⓐ Last July
 ⓑ December
 ⓒ It's not opened yet

Transcript

トランスクリプションを確認しましょう。オレンジ色の網掛け部分がPART 1で
学んだフレーズ、下線部が設問の解答につながる箇所です。

Radio Talk : A Restaurant Guide

🔊 100

Many people are under the impression that our city has some
of the worst food in the country. And 10 years ago, that might have
been true. But today, Kingston's restaurants offer a wide variety of
food from all over the world, and we've never been better off
when it comes to eating out. You have my word — none of the
restaurants I talk about today will serve your food on a plastic tray.

If you think the best pizza in town comes from one of the big
pizza chains, I'd say you need to check out "Lecce." This little shop
on Princess Street has been up and running since April. And their
fresh southern Italian pizzas have people lining up. They're a little
more expensive, but they're well worth it.

I'm told that if you want a delicious bagel, you have to go to
Montreal. Well, I'm not really sure about that. "The Bagel Bin" on
Ontario Street has been making great traditional bagels and bagel
sandwiches for two years now, and you don't have to take a day off
just to get one. Now, just in case Ontario Street is too far for you,
the shop even has what it calls "bagel-mail." How does it work?
Simple. You just place your order on the Internet by 6 p.m. the night
before, and warm bagels arrive at your door the next morning by 8
a.m. at the latest. But I wouldn't miss a visit to the shop if I were
you. A bagel hot from the oven, with a little butter, is a beautiful
thing.

For a real change of pace, "Sato" has the city's best sushi. It's
no wonder the crowds are heading for this new restaurant. The
prices are reasonable, and the fish is fresh. And if you're going out
with someone whose stomach makes a funny noise when you

mention raw fish, "Sato" also has a variety of delicious cooked Japanese meals.

Last but not least, news of a new hot French restaurant has just arrived. "Paysan" quietly opened last July, and a quiet opening **was probably for the best**. The tiny restaurant only seats 12 people, but the food is wonderful. And once news of this delicious food **slips out**, **I'm positive** that those seats will be full every night. So check it out now.

Translation　訳とクイズの答えを確認しましょう。

ラジオのトーク：レストランの紹介

　多くの人々が、この街の食事は国内で最もまずい部類に入ると思い込んでいます。それは10年前は真実だったかもしれません。しかし今日、キングストンのレストランでは世界中のさまざまな料理を提供していて、外食に関して言えば、私たちはこれまでになく恵まれた状況にあります。私が請け合います――今日私がご紹介するレストランはどこも、プラスチックトレーで食事を出すようなまねはしません。

　もしあなたが、街で最もおいしいピザは大きなピザチェーンのものだとお考えなら、私としては、あなたは「レッチェ」をチェックしてみるべきだと思います。プリンセス通りにあるこの小さな店は、4月から営業しています。そして、その店のできたての南イタリア風ピザのために、人々は行列を作っています。ほかよりちょっと高価ですが、その価値は十分にあります。

　おいしいベーグルが食べたいなら、モントリオールに行くべきだと言われます。でも、それはどうでしょうかね。オンタリオ通りの「ベーグル・ビン」は、2年前から素晴らしい伝統的なベーグルとベーグルサンドを作り続けています。しかも、それを手に入れるために1日休みを取る必要はないんです。ただ、もしあなたにとってオンタリオ通りが遠過ぎる場合、この店には「ベーグル・メール」というものもあります。どんな仕組みでしょうか？　単純です。インターネットで前日午後6時までに注文すると、遅くとも翌朝午前8時までには、温かいベーグルがあなたの家に到着します。でも、私があなたなら店を訪ねる機会を逃すなんてこ

とはしません。バターを少し添えた焼きたてのベーグルは本当にすてきなものです。

　本当に気分転換するなら、「サトウ」にはこの街でも一番のすしがあります。この新しいレストランにたくさんの人が向かっているのも不思議ではありません。価格もまあまあですし、魚は新鮮です。それに、生魚の話をしただけでおなかが変な音を立てる人と出掛けるのであれば、「サトウ」には火の通ったおいしい日本食もいろいろあります。

　最後に重要なことを一つ言い残しました、話題の新しいフランス料理レストランの情報が入ってきたところです。「ペイザン」は去年の7月、静かにオープンしました。でも、その静かなオープンは恐らくかえって良かったのでしょう。この小さなレストランは、たった12席しかありませんが、料理は素晴らしいのです。このおいしい料理の情報がうっかり漏れてしまえば、その12席は毎晩満席になってしまうのは間違いありません。だから、今すぐチェックしてみてくださいね。

長文リスニングの解答と問題文・選択肢の訳

① このトークで語られているレストランはどの街にある？
　　ⓐキングストン　ⓑモントリオール　ⓒオンタリオ
② 「ベーグル・メール」で午後6時までにベーグルを頼むと、遅くともいつまでに届く？
　　ⓐ同日午後11時　ⓑ翌日午前8時　ⓒ翌日正午
③ フランス料理店 Paysan はいつオープンした？
　　ⓐ去年7月　ⓑ12月　ⓒまだオープンしていない

PART 2

電話・アポイントメント

電話はビジネスパーソンに欠かせないツール。

決まり文句を覚えておけば、英語の電話も怖くありません。

セールスや、アポ取り、会食のセッティングなど、

日常的な業務連絡を題材に、

電話をかけたり受けたりする際の必須表現を学びましょう

MP3 File List

PART 2
電話・アポイントメント

PART 1
PART 2
PART 3
PART 4
PART 5

電話・アポイントメント ①電話をかける

「田中さんをお願いします」

ブルームーン・システムズのダニエル・ブラウンは、ABC社の田中健二氏に電話をかけます。しかし、多忙な田中氏は、自分の席にいないことが多いようで……。

TASK 1 Listen! まずは聞いてみよう 101·103

まずはこれから学習するフレーズを含んだ会話例を聞いてみよう。下記のポイントを聞き取るつもりで、集中して挑もう。(解答例→ p.067下)

Point 1 ABC社で最初にダニエルの電話を受けたのは誰? _____

Point 2 田中氏はなぜ電話に出られない? _____

Point 3 ダニエルの2度目の電話。田中氏が話せる時間は? _____

電話・アポイントメント

TASK 2 Write down! 書き取ろう

トランスクリプションを確認しながら、もう一度会話を聞こう。下線部は TASK1
のカギとなる部分です。また、フレーズ部分を聞き取って、空欄を埋めてみよう。
（解答 ➡ p.070）

Scene 1
🔊 101

Sandra: ABC Corporation, ① (th) (i) Sandra (s).
② (H) (m) I (h) (y)?

Daniel: Hello, this is Daniel Brown from Blue Moon
Systems. Could I speak to Kenji Tanaka, please?

S: ③ (H) (o), please, Mr. Brown, ④ I'll (p) you
(th).

D: Thanks.

Scene 2
🔊 102

S: I'm sorry, Mr. Tanaka is in a meeting right now. ⑤
(W) (y) (l) to (l) a (m)?

D: Sure, ⑥ (c) (y) (t) (h) that I (c), and
that I'll call him again later?

S: Certainly. Anything else I can help you with?

D: That'll be all, thanks.

Scene 3
🔊 103

D: Hi, this is Daniel Brown from Blue Moon Systems. Is
Kenji Tanaka there?

Tanaka: ⑦ (Th)(i) (h). Hi, Dan. ⑧ (I) (b)
(e) (y).

D: Hi, Ken. Can I talk to you now?

T: Yes, but I only have 10 minutes. Is that OK?

D: Sure, it won't take long.

① 電話をかける

PART 1

PART 2

PART 3

PART 4

PART 5

会話の訳

Scene 1　サンドラ：ABC社、こちらはサンドラです。ご用件をお伺いします。

ダニエル：もしもし、こちらはブルームーン・システムズのダニエル・ブラウンです。田中健二さんをお願いできますか?

サ：お待ちください、ブラウンさん、おつなぎします。

ダ：どうも。

Scene 2　サ：すみません、田中は今、会議に入っております。ご伝言を承りましょうか?

ダ：そうですね、電話があったことを伝えてください、そして、後でかけ直すということをお伝え願えますか。

サ：かしこまりました。ほかに何か承りましょうか?

ダ：それで全部です、どうも。

Scene 3　ダ：どうも、ブルームーン・システムズのダニエル・ブラウンです。田中健二さんはいますか?

タナカ：はい、私です。やあ、ダン。電話を待っていたよ。

ダ：こんにちは、ケン。今、話せる?

タ：ああ。でも10分しかないんだ。それでいい?

ダ：いいとも、そんなに長くかからないよ。

(TASK 1 | Listen! **解答例**)

Point 1 サンドラ。

Point 2 会議中に入っているから。

Point 3 10分。

電話・アポイントメント

TASK 3 Check & Read Aloud! 確認と音読

TASK2で書き取ったフレーズに関する知識を深めよう。さらに音声に収録されている例文を聞き、ポーズのところで音読してみよう。慣れてきたら文字を見ずに、聞こえてきた音声をまねて言ってみよう。

◀ 104 ① This is ~ speaking. **P** こちらは~（名前）です。~と申します。

解説 会社にかかってきた電話は、ABC Corporation, this is Atsushi speaking. あるいは、This is ABC Corporation, Atsushi speaking.（ABC社、アツシと申します）のように、社名と自分の名前を言って受けるのが一般的です。This is がポイントで、決して、× We are ABC Corporation, I'm Atsushi speaking. などとは言いません。相手に「どちらさまですか?」と尋ねる場合は、May I ask who's calling, please?（p.076参照）。

例文 Thank you for calling XYZ, this is Gary speaking. How can I help you?
（XYZにお電話いただきありがとうございます。こちらはゲーリーです。ご用件をどうぞ）

◀ 105 ② How may I help you? **P**
ご用件をお伺いします。どういったご用件でしょう?

解説 買い物の時に店員さんから May I help you?（何かお探しですか?）と声を掛けられることがありますが、「どういったご用件でしょう?」と聞くときの決まり文句が How may I help you? です。

例文 Next person, please! Hi, how may I help you?（次の方、どうぞ! こんにちは、ご用件をお伺いします）

◀ 106 ③ hold on **N**（電話を切らずに）待つ

解説 Hold on. は「待って」。電話口で相手を待たせるときには、これを丁寧にアレンジして、Hold on, please.（お待ちください）または、Could you hold the line, please?（そのままお待ちいただけますか?）などと言います。対面での会話では「ちょっと待っててください」を Please wait for a minute. のように言いますが、電話では Please wait. はまず使いません。

例文 Can you hold on for a second? I need to put on my shoes.（ちょっと待ってくれる? 靴をはかなくちゃ）

① 電話をかける

【 シチュエーションマークについて 】

見出しの後についている © ⓝ ⓟ の3つのマークは、フレーズの丁寧さのレベルを表しています。ビジネスでは場面にふさわしい表現を使うことが大切です。フレーズを選ぶ際の参考にしましょう。

© **Colloquial** カジュアルな口語表現。会話で使います。
ⓝ **Neutral** ニュートラルな表現。会話、文章で使います。
ⓟ **Polite** 丁寧な表現。フォーマルな会話、文書で使います。

🔊 **107** ④ I'll put you through. ⓝ （電話を）おつなぎします。

解説 日本語の「おつなぎします」に当たる表現。会社の代表番号にかかってきた電話を担当部署に回すときなど、Hold on, I'll put you through. あるいは、I'll transfer you, please hold the line.（おつなぎします。お待ちください）のように言います。

例文 "Hi, I'd like to speak to Mr. Evans." "I'll put you through to him."（「どうも、エバンズさんとお話ししたいのですが」「おつなぎします」）

🔊 **108** ⑤ Would you like to leave a message? ⓟ
ご伝言を承りましょうか？　伝言を残しますか？

解説 「ご伝言を承りましょうか？」には Would you like to leave a message? がぴったり。くだけた場面では、Do you want to leave a message? で OK です。

例文 I'm sorry, Ms. Birchmore isn't here right now. Would you like to leave a message?（申し訳ありません、バーチモアさんは今、席を外しています。ご伝言を承りましょうか？）

🔊 **109** ⑥ Could you tell ~ that I called? ⓝ
電話があったことを～に伝えていただけますか？

解説 電話があったことだけを伝えてもらいたい場合には、Could you tell him/her that I called? です。Could you tell him to call me back?（折り返し電話をいただけるよう伝えてくださいますか？）もよく使います。ちなみに、伝言をメモに残すときは、Mr. Tanaka called 10:30. PCB.（田中さんから10時半に電話がありました。コールバックしてください［PCB は Please call back の略］）と書いたりします。

例文 Could you tell her that I called, and that I'll ring back later?（彼女に私から電話があったことと、また後でかけ直すことを伝えていただけますか？）

🔊 110 ⑦ This is he/she. **P** はい、私です。

解説 「〜さんはいらっしゃいますか?」と聞かれて、それが自分だった場合、男性であれば This is he.、女性であれば This is she.（はい、私です）と答えることができます。簡単に He/She speaking.、また、さらに簡単に Speaking. とだけ言うこともあります。

例文 "Can I speak to Phyllis Bragg?" "This is she." （「フィリス・ブラッグさんをお願いできますか?」「はい、私です」）

🔊 111 ⑧ I've been expecting you. **N**
あなた（の電話／訪問など）をお待ちしていました。

解説 expect は「予期する」という意味なので、I've been expecting you. は、「あなたが来ることを予期していた」＝「お待ちしておりました」ということ。会話例では「あなたの電話を待っていました」＝ I've been expecting your call. という意味で使われていますが、来客を迎えるときなどにも使えます。また、「お待ちしていました」のつもりで × I've been waiting for you. と直訳するのはNG。これは、「ずっと待ってたのに、遅かったじゃないですか」という意味になってしまいます。

例文 "Hello, Ms. Wilson. It's Jason Derricks." "Hello, Jason. I've been expecting you." （「もしもし、ウィルソンさん。ジェーソン・デリックスです」「こんにちは、ジェーソン。お待ちしていました」）

(**TASK 2** Write down! 解答)

① (this) (is) Sandra (speaking)
② (How) (may) I (help) (you)
③ (Hold) (on), please
④ I'll (put) you (through)
⑤ (Would) (you) (like) to (leave) a (message)
⑥ (could) (you) (tell) (him) that I (called)
⑦ (This) (is) (he)
⑧ (I've) (been) (expecting) (you)

TASK 4 Review Quizzes 復習問題

最後に2種類の復習問題に挑戦し、学習を締めくくろう。

1. クイックレスポンス 🔊 112-115

音声に収録されている①〜④の文に続けて、応答になり得るセンテンスをA)-D)
から選び、口頭で読み上げよう。

（解答がチャイム音に続けて読まれます。解答の後のポーズで自分でも言ってみま
しょう。解答とトランスクリプション➡p.072）

① _____ ② _____ ③ _____ ④ _____

A) Yes, this is Jake Pinter speaking. I have a question.
B) Just a moment. I'll put you through.
C) I see. Well, could you tell him that I called?
D) I'm not sure. Would you like to leave a message?

2. 和文英訳

⑤〜⑧の日本語に合うよう、英文の下線部に英語を入れよう。（解答➡p.072。
正解の英文は音声も聞いて確認し、ポーズの部分で音読やリピーティングをしま
しょう）

⑤「ディートリッヒさんはいますか？」
　「はい、私です」
"Is Ms. Dietrich there?"
" _____ ."

⑥ 彼女が来ているかどうか確認しますね。お待ちください。
I'll check and see if she's here. _____ .

⑦ オフィスにお入りください。オブリストさんがあなたをお待ちですよ。
Why don't you go into the office? Mr. Obrist has been
_____ you.

⑧ クリスタル・ケークスにお電話ありがとうございます。ご用件を承ります。
Thank you for calling Krystal Cakes. _____ ?

電話・アポイントメント

1. クイックレスポンス

① **B)**

🔊 112 Could I speak to Jenny Gibson, please? — Just a moment. I'll put you through.

ジェニー・ギブソンさんをお願いできますか?──少々お待ちください。おつなぎします。

② **D)**

🔊 113 Do you know when he'll be back in the office? — I'm not sure. Would you like to leave a message?

彼がいつオフィスに戻るかわかりますか?──わかりません。伝言を残されますか?

③ **A)**

🔊 114 Hello, Hobbs University. Can I help you? — Yes, this is Jake Pinter speaking. I have a question.

はい、ホッブス大学です。ご用件は?──はい、ジェーク・ピンターと申します。質問があるのですが。

④ **C)**

🔊 115 I'm sorry, he's not in his office right now. — I see. Well, could you tell him that I called?

すみません。彼は今オフィスにいません。──そうですか。では、私から電話があったことをお伝え願えますか?

2. 和文英訳

⑤ 🔊 116 "Is Ms. Dietrich there?"
"This is she."

⑥ 🔊 117 I'll check and see if she's here. Hold on, please.

⑦ 🔊 118 Why don't you go into the office? Mr. Obrist has been expecting you.

⑧ 🔊 119 Thank you for calling Krystal Cakes. How may I help you?

① 電話をかける

UNIT 07　電話・アポイントメント　②売り込みをする、断る

「興味がありません」

売り込みの電話は煩わしいものですが、タイミングによっては「渡りに船」ということもあるようです。ティム・クラークはこの日、2本の売り込み電話を受けました。彼はどう対応したのでしょう?

TASK 1　Listen!　まずは聞いてみよう　🔊 120-122

まずはこれから学習するフレーズを含んだ会話例を聞いてみよう。下記のポイントを聞き取るつもりで、集中して挑もう。(解答例➡ p.075下)

Point 1 マイク・オノの電話の目的は? _____

Point 2 ティム・クラークがマイクの電話を受けたのはなぜ? _____

Point 3 ロビン・コリンズの商品のセールスポイントは? _____

TASK **2** Write down! 書き取ろう

トランスクリプションを確認しながら、もう一度会話を聞こう。下線部はTASK1
のカギとなる部分です。また、フレーズ部分を聞き取って、空欄を埋めてみよう。
（解答➡ p.078）

Scene 1　Operator: Thank you for calling Blue Moon Systems. How
🔊 120　　　　may I direct your call?
　　　　Mike: Hello, could I speak to ① the person (i　) (c　　)
　　　　(o　) office equipment?
　　　　O: ② (M　) I (a　) (wh　) (c　　), (p　　)?
　　　　M: My name is Mike Ono of Star Copier, and ③ I'd (l　)
　　　　(t　) (i　　) our newest copy machine.
　　　　O: ④ (L　) (m　) (s　) (i　) he's (a　　). Please hold
　　　　the line.

Scene 2　Tim: Tim Clark.
🔊 121　　　　M: Hello, this is Mike Ono of Star Copier. We recently
　　　　released a new copy machine that will help you ⑤ (c　)
　　　　(d　) (o　) your cost and speed up your business.
　　　　T: Interesting. I don't usually take sales calls, but our copy
　　　　machines seem to be going wrong quite often these
　　　　days, and ⑥ I (w　) (j　) (th　　) (a　) replacing
　　　　the old ones.
　　　　M: Sounds like perfect timing.

Scene 3　Robin: Hello. May I speak with Mr. Tim Clark?
🔊 122　　　　T: Yes, speaking.
　　　　R: Good afternoon, Mr. Clark. This is Robin Collins of
　　　　Financial Plus. Did you know—
　　　　T: I'm sorry, I don't have time.
　　　　R: But you can ⑦ (d　　) your income almost
　　　　immediately.
　　　　T: Thank you but no thank you. ⑧ (I　) just (n　) (i　　).

会話の訳

Scene 1 交換手：ブルームーン・システムズにお電話ありがとうございます。どちらにおつなぎしましょうか？

マイク：どうも、オフィス機器の責任者とお話ししたいのですが。

交：どちらさまですか？

マ：スターコピー機のマイク・オノと申します。わが社の最新型のコピー機をご紹介したいのです。

交：電話に出られるか確認します。そのままお待ちください。

Scene 2 ティム：ティム・クラークです。

マ：どうも、スターコピー機のマイク・オノです。先ごろ、御社のコストを削減し、業務スピードを向上させる上でお役に立てる、新しいコピー機を発売したんです。

テ：なるほど。いつもはセールスの電話には出ないんですが、最近、わが社のコピー機がしょっちゅうおかしくなるもので、古いコピー機を交換しようかとちょうど考えていたところです。

マ：タイミングばっちりだったようですね。

Scene 3 ロビン：もしもし、ティム・クラークさんをお願いします。

テ：はい、私ですが。

ロ：こんにちは、クラークさん。ファイナンシャル・プラスのロビン・コリンズです。ご存じですか—

テ：すみません、時間がないんで。

ロ：でも、ほとんど一瞬で収入を倍にすることができるんですよ。

テ：ありがとう、でも結構です。まったく興味がありませんので。

TASK 1 Listen! 解答例

Point 1 最新型のコピー機の紹介。

Point 2 古いコピー機の交換を考えていたから。

Point 3 収入がほとんど一瞬で倍になる。

TASK 3 Check & Read Aloud! 確認と音読

TASK2で書き取ったフレーズに関する知識を深めよう。さらに音声に収録されている例文を聞き、ポーズのところで音読してみよう。慣れてきたら文字を見ずに、聞こえてきた音声をまねて言ってみよう。

🔊 123 ① (be) in charge of ~ Ⓝ ～を担当して、～の責任者で

解説 be in charge of ~で、「～を担当している、～を任されている」です。「私はマーケティングを担当している」なら、I'm in charge of marketing.、「このプロジェクトの担当は誰?」なら、Who's in charge of this project? となります。「誰か、この件についてわかる人と話がしたい」というとき、Could I speak to the person in charge?(担当者とお話ししたいのですが)というフレーズは便利です。

例文 Mr. Phelps is in charge of shipping. (フェルプスさんは発送を担当している)

🔊 124 ② May I ask who's calling, please? Ⓟ どちらさまですか?

解説 電話会話の決まり文句の一つ。× May I ask who's speaking? とは言わないので注意しましょう。May I ask who's on the line? (どちらさまですか?)、あるいは、さらにくだけた表現で、Who's this? (誰ですか?) などと言うこともあります。

例文 "Hi, I'd like to speak to Ms. French, please." "May I ask who's calling, please?" (「もしもし、フレンチさんとお話ししたいのですが」「どちらさまですか?」)

🔊 125 ③ I'd like to introduce ~ Ⓝ
　　　～をご紹介したい、～をお見せしたい

解説 introduce はビジネスで頻出する動詞です。主な使い方を押さえておきましょう。①「紹介する」。I'd like to introduce you to someone. (君にちょっと紹介したい人がいるんだ)。I'd like to introduce our new product. (わが社の新製品を紹介させてください) のように、物を紹介するときにも使います。②「導入する」。We have introduced a new billing system. (新しい課金システムを導入した)。③「発表する」。Maple introduced a new version of the Pie-Pad. (メイプル社が新型の「パイパッド」を発表した)。

例文 I'd like to introduce our new product. (当社の新しい製品をお見せしたいのです)

Ⓒ **Colloquial** カジュアルな口語表現。会話で使います。
Ⓝ **Neutral** ニュートラルな表現。会話、文章で使います。
Ⓟ **Polite** 丁寧な表現。フォーマルな会話、文書で使います。

🔊 126 ④ Let me see if <u>he/she</u> is available. Ⓝ
（電話に出られるか）確認します。

解説 Let me see if ~ は、「~かどうか見てみます／確認してみます」、if he's available は「彼の手が空いているかどうか」＝「電話に出られるかどうか」です。その人が電話に出られない場合は、He's not available to take your call now.（彼は今は電話に出られません）、あるいは、He's not available at the moment.（今はちょっと手が離せません）などと言います。

例文 "Can I speak to Mr. Jones, please?" "Just a moment, let me see if he's available."（「ジョーンズさんとお話したいのですが」「少々お待ちください、確認いたします」）

🔊 127 ⑤ cut down on ~ Ⓝ ~を削減する、~を減らす

解説 「コストカットする」は、英語では We need to cut costs.（コストを削減しなくては）のような言い回しになります。具体的に何を削減するかを話題にするときは、cut down on ~ を使って、例えば、Video conferencing can cut down on traveling expenses.（テレビ会議を使えば交通費が削減できる）のように言います。

例文 We need to cut down on the money we spend in restaurants.（レストランで使うお金を減らす必要がある）

🔊 128 ⑥ I was just thinking about ~ Ⓝ
ちょうど~を考えていたところです

解説 I was just thinking about ~ は、慣用句や熟語とは言えないまでも、ほとんど決まり文句として使われるフレーズです。「ちょうど~を考えていたところ」という意味で、I was just thinking about calling you.（ちょうど電話しようと思ってた）、I was just thinking about that.（ちょうどそれを考えてたんだ）のように使います。

例文 I was just thinking about going for lunch. Would you like to come with me?（ちょうどランチに行こうと思っていたんです。ご一緒にいかがですか?）

◀ 129 ⑦ double **N** 〜を倍にする、2倍になる

解説 double は形容詞では「二重の」「2倍の」ですが、この会話例では「2倍にする」という動詞として使われています。動詞の double は後ろに目的語を置いて、The employer offered to double my salary.（会社は給料を倍にすると提示した）のようにも使いますし、The oil price has doubled in three years.（原油価格は3年で2倍になった）のように自動詞としても使います。ちなみに「3倍になる／する」は triple、「4倍になる／する」は quadruple ですが、4倍以上は increased 〜 times のように表現する方が一般的かもしれません。

例文 Our history teacher doubled our homework this week. I'm so busy!（歴史の先生が今週の宿題を倍にした。とても忙しい！）

◀ 130 ⑧ I'm not interested. **C** 興味がありません。

解説 セールスの断り文句の代表がこれ。Sorry, but に続けて I'm not interested. と言います。このかたまりで覚えておきましょう。間違って I'm not interesting. と言うと、「私は面白くない人です」という意味になってしまいます。また、会話例では just の使い方にも注目してください。「まったく」「ちっとも」という意味を添えるので、より「ぴしゃり」と断る感じになっています。

例文 "You can come cycling with us tomorrow if you want." "Thanks for the offer, but I'm not interested."（「良かったら明日一緒にサイクリングに行こうよ」「誘ってくれてうれしいけど、興味がないんだ」）

TASK **2** Write down! 解答

① the person (in) (charge) (of)
② (May) I (ask) (who's) (calling), (please)
③ I'd (like) (to) (introduce)
④ (Let) (me) (see) (if) he's (available)
⑤ (cut) (down) (on)
⑥ I (was) (just) (thinking) (about)
⑦ (double)
⑧ (I'm) just (not) (interested)

TASK **4** Review Quizzes 復習問題

最後に2種類の復習問題に挑戦し、学習を締めくくろう。

1. クイックレスポンス 🔊 131-134

音声に収録されている①〜④の文に続けて、応答になり得るセンテンスをA)-D)
から選び、口頭で読み上げよう。

（解答がチャイム音に続けて読まれます。解答の後のポーズで自分でも言ってみま
しょう。解答とトランスクリプション → p.080）

① _____ ② _____ ③ _____ ④ _____

A) Oh, I'm in charge of hiring here.
B) Let me see if she's available.
C) You bet! Our sales have doubled.
D) I'm sorry. I'm just not interested.

2. 和文英訳

⑤〜⑧の日本語に合うよう、英文の下線部に英語を入れよう。（解答 → p.080。
正解の英文は音声も聞いて確認し、ポーズの部分で音読やリピーティングをしま
しょう）

⑤ わが社のCFO、フランシス・リードをご紹介したいと思います。

_____ our CFO, Francis Reid.

⑥ この仕事を終わらせるもっといい方法がないかちょうど考えていたところな
んだ。

_____ a better way to finish this job.

⑦ 経営陣は、電気の使用量を削減しなければならないと言っている。
Management says we need to _____ electricity use.

⑧ ジョンソンは今、会議中です。どちらさまでしょうか?
Mr. Johnson is in a meeting right now. _____
_____?

TASK **4** **Review Quizzes** 解答

1. クイックレスポンス

① **A)**

🔊 131 So what do you do at RBN? — Oh, I'm in charge of hiring here.

RBN ではどんな仕事をしているんですか?――ああ、採用を担当しています。

② **D)**

🔊 132 I'd be happy to send you a free sample, if you like. — I'm sorry. I'm just not interested.

よろしければ無料サンプルを送らせていただきたいのですが。――すみません。まったく興味がありませんので。

③ **B)**

🔊 133 Hi, I was wondering if I could speak to Carol Gysler. — Let me see if she's available.

こんにちは、キャロル・ガイスラーさんとお話したいのですが。――電話に出られるかどうか確認します。

④ **C)**

🔊 134 So was the last report good? — You bet! Our sales have doubled.

最終報告はうまくいった?――もちろん! 売り上げが倍になったわ。

2. 和文英訳

⑤ 🔊 135 I'd like to introduce our CFO, Francis Reid.

⑥ 🔊 136 I was just thinking about a better way to finish this job.

⑦ 🔊 137 Management says we need to cut down on electricity use.

⑧ 🔊 138 Mr. Johnson is in a meeting right now.
May I ask who's calling, please?

UNIT 08　　電話・アポイントメント　　③アポイントをとる、変更する

「用事ができてしまって」

ブルームーン・システムズ社のティム・クラークに、自社の新型コピー機を
売り込むきっかけをつかんだマイク。後日、改めてクラークのアポイントを
とろうと電話をかけますが、彼は不在でした。

TASK 1　Listen!　まずは聞いてみよう

🔊 139-141

まずはこれから学習するフレーズを含んだ会話例を聞いてみよう。下記のポイン
トを聞き取るつもりで、集中して挑もう。(解答例➡ p.083下)

Point 1 マイクはティムとどこで面会したい？ _____

Point 2 マイクのアポイントメントの希望は、何曜日の何時？ _____

Point 3 当日急用ができたティムが、代わりに提示した曜日・時間は？ _____

縦書き左余白: 電話・アポイントメント

縦書き左下: ③アポイントをとる、変更する

(TASK **2**) **Write down! 書き取ろう**

トランスクリプションを確認しながら、もう一度会話を聞こう。下線部はTASK1
のカギとなる部分です。また、フレーズ部分を聞き取って、空欄を埋めてみよう。
（解答➡ p.086）

Scene 1
🔊 139

Tim (Voice Mail): Hi. You've reached Tim Clark at Blue
Moon Systems. I'm sorry I'm not available to take your
call ① (a   ) (th   ) (m   ). Please leave a message,
and I'll call you back when I return. Thank you.

Mike: Hello, Tim, this is Mike from Star Copier. ② (I   )
(c   ) (t   ) (a   ) (i   ) we could meet at your office
on Wednesday at 3 p.m. I'd like to bring our PT-18
printer and show you how to handle it.

Scene 2
🔊 140

T: Hello, Mike. This is Tim.

M: Hi Tim, what can I do for you?

T: I'm sorry, but ③ (s   ) has (c   ) (u   ) and ④ I
(c   ) (m   ) (i   ) today. Can we change the date of
our appointment?

M: Sure, ⑤ (wh   ) (w   ) (b   ) (b   ) (f   ) (y   )?

T: How about ⑥ (c   ing) (o   ) at around 2 p.m.
tomorrow?

M: Sure, ⑦ (th   ) (b   ) (f   ).

Scene 3
🔊 141

M: Hello. ⑧ (I   ) (h   ) (t   ) (s   ) Mr. Tim Clark.

Secretary: Do you have an appointment, sir?

M: Yes, from 2 p.m.

S: One moment, please. ... Yes, he's expecting you. Come
this way.

会話の訳

Scene 1 ティム（不在応答）：こんにちは。こちらはブルームーン・システムズの
ティム・クラークの電話です。申し訳ありませんが、ただ今電話に
出られません。伝言を残していただければ、戻り次第かけ直しま
す。よろしく。

マイク：こんにちは、ティム、スターコピー機のマイクです。水曜日の
午後3時に、あなたのオフィスでお会いできないか伺いたくてお
電話しました。PT-18型プリンターをお持ちして、操作方法をお
見せしたいんです。

Scene 1 テ：どうも、マイク。ティムです。

マ：こんにちは、ティム。どういうご用件でしょう？

テ：悪いんですが、急用ができたので、今日は都合がつきません。
面会日を変更していただけないでしょうか？

マ：いいですよ。いつがご都合よろしいですか？

テ：明日の午後2時ごろにこちらに来ていただくのはどうでしょう。

マ：わかりました。それで結構です。

Scene 1 マ：こんにちは。ティム・クラークさんにお会いするために伺いまし
た。

秘書：お約束はいただいていますか？

マ：はい、午後2時からです。

秘：少々お待ちください……はい、お待ちしておりました。こちらへど
うぞ。

TASK 1 Listen! 解答例

Point 1 ティムのオフィス。

Point 2 水曜日の午後3時。

Point 3 明日（木曜）の午後2時ごろ。

TASK 3 Check & Read Aloud! 確認と音読

TASK2で書き取ったフレーズに関する知識を深めよう。さらに音声に収録されている例文を聞き、ポーズのところで音読してみよう。慣れてきたら文字を見ずに、聞こえてきた音声をまねて言ってみよう。

142 ① at the moment N ただ今、現在のところ

解説 at the moment は、「今の時点」「ただ今」で、right now と入れ替え可能です。留守番電話の応答メッセージは似たり寄ったりですから、この会話例のような言い回しを一つ押さえておけば十分でしょう。一番シンプルなのは、This is（名前）.、あるいは This is 123-4567（電話番号）. の後に、Please leave a message after the tone.（信号音の後にメッセージを残してください）と加えるパターンです。

例文 Mr. Gifford is in a meeting at the moment. Can I help you?（ギフォードはただ今、会議中です。ご用件を承りましょうか?）

143 ② I'm calling to ask if ... N …かどうかお伺いしたくお電話しました、…をお願いしたくてお電話しました

解説 I'm calling to ... は電話の用件を簡潔に述べるフレーズ。ask には「尋ねる」以外に「頼む」「依頼する」という意味もあり、このフレーズは文字通り「if 以下のことをお伺いしたくて電話しました」のほか、「if 以下についてお願いしたくて電話しました」と解釈することもできます。話の前後関係から判断しましょう。

例文 Hi, I'm calling to ask if your shop will be open on Sunday this week.（もしもし、今週の日曜日は営業していらっしゃるかどうか伺いたくて、お電話しました）

144 ③ something has come up C 急用ができた、ちょっと用事ができた

解説 やむを得ない事情で急きょ予定を変更するときなどに使えるのがこの something has come up、あるいは、something came up です。直訳すると「何かが起きた」ですが、このセットで「ちょっと用事ができちゃって、急用ができちゃって」というふうに覚えましょう。予定変更の理由をあまり詳しく言いたくないときにも便利です。

例文 Sorry, I can't come to your party tomorrow. Something has come up.（ごめん、明日のあなたのパーティーには行けません。ちょっと用事ができてしまって）

© **Colloquial** カジュアルな口語表現。会話で使います。
N **Neutral** ニュートラルな表現。会話、文章で使います。
P **Polite** 丁寧な表現。フォーマルな会話、文書で使います。

145 ④ I can't make it ©
都合がつかない、間に合わない、出席できない

解説 make it はさまざまな意味をカバーします。①「成功する」。I finally made it!（ついにやったぞ！）。②「間に合う」。I got up late this morning but I made it to work on time.（今朝は起きるのが遅くなったけど、時間どおりに職場に着いた）。③「出席できる、都合がつく」。I'm sorry, I can't make it to your party tonight.（ごめん、今夜のパーティーには行けそうにない）。会話例の I can't make it. は③です。ただ、例えば、Can you make it by 5 p.m.? は「午後5時までに来られますか？」と「午後5時までにできますか？」のどちらの意味にも取れます。文脈で判断しましょう。

例文 I really want to meet with you, but I can't make it today. How about next week?（本当にあなたにお会いしたいのですが、今日は都合がつかないんです。来週はどうですか？

146 ⑤ When would be best for you? P いつが一番いいですか？

解説 一般的に best と言えば「最善」のもの「一つ」を指します。「あなたにとっていつがベストですか？」、つまり、「いつが一番いいですか？」というこのフレーズには、Tuesday is best for me. のように日にちを一つに決めて答えるのがいいでしょう。

例文 I'm free on Monday and Tuesday. When would be best for you?（私は月曜と火曜は空いています。あなたはいつが一番いいですか？）

147 ⑥ come over N こちらに来る、そちらに行く

解説 社内で他部署の人と電話で話しているときに、「じゃ、そっちまで行くよ」と日本語で言うことはよくありますが、そんなとき英語では go ではなくて、come を使います。例えば、Can you come over to my desk?（ちょっと席まで来てくれる？）に対しては、Sure, I'll come over right away.（はい、ではすぐ伺います）と答えます。

例文 "Why don't you come over to my house today?" "Sure, I'll come over at around 5."（「今日、家に来ていただけますか？」「はい、5時ごろそちらに伺います」）

🔊 148 ⑦ That'll be fine. **Ⓝ** それで結構です。それなら大丈夫です。

解説 相手の提案を了承するフレーズです。That's fine. と言ってもほぼ同じ意味になりますが、強いて言うなら、That's fine. は「それでいいです」、That'll be fine. は「それならいいです」という感じ。That would be fine. とすると、少し丁寧な感じが加わります。

例文 "I think we should begin the meeting at 8 p.m." "That'll be fine."（「会議は午後8時に始めた方がいいと思います」「それで結構です」）

🔊 149 ⑧ I'm here to see ~ **Ⓟ** ～にお会いするために伺いました

解説 「～さんに会いに来たのですが」と訪問の目的を伝える表現です。このまま覚えてしまいましょう。この see は「面会する」ですが、see は find out、すなわち「知る」という意味でも使われます。例えば、I'm calling to see if Mr. Clark is available tomorrow.（クラークさんが明日空いているかどうか確認するために電話しました）という具合です。

例文 Hi, I'm here to see Ms. Reid. Is she in?（こんにちは、リードさんに会いに来ました。いらっしゃいますか？）

TASK 2 Write down! 解答

① (at) (the) (moment)
② (I'm) (calling) (to) (ask) (if)
③ (something) has (come) (up)
④ I (can't) (make) (it)
⑤ (when) (would) (be) (best) (for) (you)
⑥ (coming) (over)
⑦ (that'll) (be) (fine)
⑧ (I'm) (here) (to) (see)

TASK 4 | Review Quizzes 復習問題

最後に2種類の復習問題に挑戦し、学習を締めくくろう。

1. クイックレスポンス 🔊 150-153

音声に収録されている①〜④の文に続けて、応答になり得るセンテンスを A)-D) から選び、口頭で読み上げよう。

（解答がチャイム音に続けて読まれます。解答の後のポーズで自分でも言ってみましょう。解答とトランスクリプション➡p.088）

① _____ ② _____ ③ _____ ④ _____

A) He's out of the office at the moment. Would you like to leave a message?
B) Actually, no. Something has come up.
C) Yes, I'm here to see Mary Hill.
D) I can come over any time after 5 p.m.

2. 和文英訳

⑤〜⑧の日本語に合うよう、英文の下線部に英語を入れよう。（解答➡p.088。正解の英文は音声も聞いて確認し、ポーズの部分で音読やリピーティングをしましょう）

⑤ ごめんなさい。あなたのパーティーに伺えないわ。息子が病気なの。
Sorry _____ to your party. My son is sick.

⑥「インスタントコーヒーでいい?」
　「それで結構です」
"Is instant coffee OK?"
"_____ ."

⑦ 私は明日は1日空いていますよ。あなたはいつが一番いいですか?
I'm free all day tomorrow. _____?

⑧ 壊れた商品を交換できるかどうか伺いたくて（交換をお願いしたくて）お電話しました。
_____ I can replace my broken product.

電話・アポイントメント

1. クイックレスポンス

① B)

◀ 150 Will I see you at the meeting tomorrow? — Actually, no. Something has come up.

明日ミーティングでお会いできますか?──実は、ダメなんです。急用ができてしまって。

② A)

◀ 151 Hi, I need to speak with Gary Quinn, if that's possible. — He's out of the office at the moment. Would you like to leave a message?

こんにちは、できれば、ゲイリー・クインさんとお話ししたいのですが。──ただ今、社内におりません。ご伝言を承りましょうか?

③ D)

◀ 152 What time are you free? — I can come over any time after 5 p.m.

何時なら空いていますか?──午後5時以降ならいつでもそちらに伺えますよ。

④ C)

◀ 153 Can I help you with something? — Yes, I'm here to see Mary Hill.

何かご用件を伺いましょうか?──ええ、メアリー・ヒルさんに会いに来ました。

2. 和文英訳

⑤ **◀ 154** Sorry I can't make it to your party. My son is sick.

⑥ **◀ 155** "Is instant coffee OK?"
"That'll be fine."

⑦ **◀ 156** I'm free all day tomorrow. When would be best for you?

⑧ **◀ 157** I'm calling to ask if I can replace my broken product.

③アポイントをとる、変更する

UNIT 09 　電話・アポイントメント 　④携帯電話にて

「ごめん、接続が悪いみたい」

電車で職場に向かっていたケイコに、同僚のジェニファーから緊急の電話がかかってきました。相手が慌てている上に電波が良くないので、よく聞き取れません。周囲の視線も痛いし、どうしましょう?

TASK 1 Listen! まずは聞いてみよう 　🔈 158-160

まずはこれから学習するフレーズを含んだ会話例を聞いてみよう。下記のポイントを聞き取るつもりで、集中して挑もう。(解答例➡ p.091下)

Point 1 ジェニファーは何を探している? _____

Point 2 ケイコは、誰にそのありかを聞くように言っている? _____

Point 3 それは結局、どこにあった? _____

電話・アポイントメント

（解答➡ p.094）

TASK **2** | Write down! 書き取ろう

トランスクリプションを確認しながら、もう一度会話を聞こう。下線部はTASK1
のカギとなる部分です。また、フレーズ部分を聞き取って、空欄を埋めてみよう。

Scene 1 Jennifer: Hi, Keiko, where are you now?
🔊 158　Keiko: I'm on the way to the office on the train. What's
the matter?

J: We can't find the Jones file.

K: ① (C　　) (a　　)? I can't hear you well.

J: The Jones file. Do you know where it is?

K: What file? Sorry, ② it's a (b　　) (c　　　　). I'll get
off at the next stop and call you back. ... Hello?

Scene 2 K: Sorry, Jennifer, ③ I (w　　) (c　　) (o　　) — the line
🔊 159　went dead.

J: That's OK. I just wanted to ask if you know where the
Jones file is.

K: ④ I (h　　　) (n　　) (i　　　). Have you asked Beth?
She's the one who was looking after the Jones account
before you took it over.

J: She's just ⑤ (c　　ed) (i　) (s　　).

Scene 3 K: Maybe it's on her desk. Try looking there.
🔊 160　J: Let me see ... Oh, here it is! It was under ⑥ a (p　　)
(o　) other files.

K: Good! But ⑦ I'll have to (h　　) a (w　　) (w　　)
Beth about her "filing system."

J: Yeah, ⑧ (y　) (s　　) (i　).

④携帯電話にて

PART 2_UNIT 09

PART 1
PART 2
PART 3
PART 4
PART 5

会話の訳

Scene 1 ジェニファー：もしもし、ケイコ、今どこ？

ケイコ：電車でオフィスに向かってる途中よ。どうしたの？

ジ：ジョーンズ氏の案件のファイルが見つからないの。

ケ：何ですって？　あんまりよく聞こえないわ。

ジ：ジョーンズさんのファイルよ。どこにあるか知ってる？

ケ：何のファイル？　ごめん、接続状態が悪いの。次の駅で降りてかけ直すわ……もしもし？

Scene 2 ケ：ごめんね、ジェニファー。切れちゃった——回線が切れちゃった。

ジ：いいのよ。ジョーンズさんのファイルの場所を知ってるか聞きたくて。

ケ：さっぱりわからない。ベスには聞いてみた？　あなたが引き継ぐ前にジョーンズさんの取引を担当していたのは彼女よ。

ジ：彼女はさっき病欠の電話をしてきたわ。

Scene 3 ケ：彼女の机の上にあるかも。探してみなさいよ。

ジ：ちょっと待って……あ、あったわ！　山積みのほかのファイルの下にあった。

ケ：良かった！　でも、ベスとは彼女の「ファイリング方法」について話をしなければ。

ジ：ええ、そのとおりね。

TASK 1 Listen! 解答例

Point 1 ジョーンズ氏の案件のファイル。

Point 2 ベス。

Point 3 ほかのたくさんのファイルの下。

電話・アポイントメント

TASK 3 Check & Read Aloud! 確認と音読

TASK2で書き取ったフレーズに関する知識を深めよう。さらに音声に収録されている例文を聞き、ポーズのところで音読してみよう。慣れてきたら文字を見ずに、聞こえてきた音声をまねて言ってみよう。

🔊 161 ① Come again? © え、何だって？　もう一度言って。

解説 相手の言っていることが聞き取れなかったときの、「え、何だって？」に当たるくだけた表現。普通のビジネスシーンであれば、Could you say that again, please? I didn't hear you.（もう一度お願いできますか？　聞き取れなくて）という聞き返し方が丁寧でいいでしょう。通信状態が悪くて、できるだけ簡潔に聞きたいときは、Say it again, please.（もう一度言ってくれますか？）でもOKです。

例文 "I'm going to Jaipur." "Come again?" "I'm going to Jaipur, in India."
（「ジャイプールに行くんです」「え、何だって？」「私は、インドのジャイプールに行くんです」）

🔊 162 ② a bad connection Ⓝ 通信状態が悪い、電波の状態が悪い

解説 携帯電話の電波が悪くて、通話が途中で切れたりするときに、connection（接続）や reception（受信）を使って、I have a bad connection.（通信状態が悪いんです）とか、My reception is bad.（受信状態が悪いんです）と言います。「アンテナが立ってない」という感覚の I have no signal.、I have a poor signal. などという言い方もあります。

例文 Sorry, what did you say? I have a bad connection here. （すみません、何と言いましたか？　通信状態が悪いんです）

🔊 163 ③ be cut off Ⓝ 切れる、切断される

解説 be cut off は「切断される」。I was cut off.、The line was cut off. のどちらも「通話が切れちゃった」という簡単な表現になります。The line was disconnected.（通話が途切れた）と言ってもいいでしょう。

例文 Sorry, I was in an elevator when you called, and I was cut off. （すみません、お電話をいただいたとき、エレベーターの中にいたので、通話が切れてしまいました）

④携帯電話にて

ⓒ **Colloquial** カジュアルな口語表現。会話で使います。
ⓝ **Neutral** ニュートラルな表現。会話、文章で使います。
ⓟ **Polite** 丁寧な表現。フォーマルな会話、文書で使います。

🔊 164 ④ I have no idea. ⓝ 全然見当がつかない。まったくわからない。

解説 「わからない」にもさまざまな言い方があります。I don't understand. と言えば、「理解ができない」という意味。単に「情報を知らない」というときは I don't know. や I'm not sure. です。そして、I have no idea. と言うと、「まったく見当がつかない」「何も考え付かない」ということになります。

例文 "What's the capital city of Ghana?" "Sorry, I have no idea." (「ガーナの首都はどこですか?」「すみません、全然見当がつきません」)

🔊 165 ⑤ call in sick ⓝ 病欠の連絡をする

解説 会社や学校に「病欠する」という連絡を入れることを、call in sick と言います。電話ではなく、メールで連絡する場合も習慣的に He called in sick. と言いますが、最近では He e-mailed in sick. という言い方もするようです。「病欠を知らせるメール」は a sick leave e-mail と言います。sick leave は「病欠、病気休暇」という意味です。

例文 I don't feel well this morning. I think I'll have to call in sick. (今朝は具合が良くないわ。病欠の連絡をしなきゃいけないかも)

🔊 166 ⑥ a pile of ~ ⓝ たくさんの~、山積みの~

解説 pile は「積み重ねたもの」「山」という意味。a pile of books で「積み上がった本、本の山」です。似たような表現に、a bunch of ~(一束の~、たくさんの~)、a stack of ~「(まとまりのある)一束の~、たくさんの~」という表現があります。強調するときには whole を使って、a whole pile/bunch/stack of ~(とてもたくさんの~)のように言います。

例文 I have a pile of letters that I have to mail. (発送しなくてはならない手紙がたくさんある)

◀ 167 ⑦ have a word with ~ **N** （質問、相談などのために）〜と話をする

解説 have a word with ~ は「〜と話をする」ですが、普通、Can I have a word with you? と上司に言われると、ちょっとギクっとします。これは「ちょっと（話があるんだけど）いいかな？」という意味で、たいてい、あまりいい雰囲気では使われません。「ちょっと時間あるかな？」Can I have a <u>moment/minute</u> with you? も同じように、ちょっと忠告や小言があるときに出てくるフレーズです。

例文 I have to have a word with Diane about the mistakes in this file. （この書類の間違いに関して、ダイアンと話をする必要がある）

◀ 168 ⑧ You said it. **C** まったくそのとおり。本当にそうだね。

解説 この表現は、it の部分にほかの単語を入れて応用できるものではなく、必ず You said it. のひとかたまりで使います。意味は、「あなたの言うとおり」「そのとおり」。That's right. や You're right.、また、I agree. と同じような意味です。「ほんと、そのとおりだよね」と強調したいときには、You said it, all right. と言うこともあります。

例文 "This new game is too easy." "You said it." （「この新しいゲーム、簡単過ぎるね」「本当にそうだね」）

TASK 2 Write down! 解答

① (Come) (again)
② it's a (bad) (connection)
③ I (was) (cut) (off)
④ I (have) (no) (idea)
⑤ (called) (in) (sick)
⑥ a (pile) (of) other files
⑦ I'll have to (have) a (word) (with)
⑧ (you) (said) (it)

PART 1

PART 2

PART 3

PART 4

PART 5

TASK 4 **Review Quizzes 復習問題**

最後に2種類の復習問題に挑戦し、学習を締めくくろう。

1. クイックレスポンス 🔊 169-172

音声に収録されている①〜④の文に続けて、応答になり得るセンテンスを A)-D) から選び、口頭で読み上げよう。

（解答がチャイム音に続けて読まれます。解答の後のポーズで自分でも言ってみましょう。解答とトランスクリプション → p.096）

① _____ ② _____ ③ _____ ④ _____

A) Come again? A what-system?

B) Yeah, same here. I think we have a bad connection.

C) You said it. I'm sweating.

D) I have no idea. I was going to ask you the same thing.

2. 和文英訳

⑤〜⑧の日本語に合うよう、英文の下線部に英語を入れよう。（解答 → p.096。正解の英文は音声も聞いて確認し、ポーズの部分で音読やリピーティングをしましょう）

⑤ 病欠の連絡をするわ。ひどく気分が悪いの。

I'm going to _____ . I feel terrible.

⑥ ごめんね、電話が切れちゃった。何て言っていたの？

Sorry, I was _____ . What were you saying?

⑦ 郵便受けに手紙がたくさん入っているよ。

You've got _____ letters in your mailbox.

⑧ オフィスの室温についてジェイと話し合おうと思う。

I'm going to _____ Jay about the office temperature.

TASK **4** Review Quizzes 解答

1. クイックレスポンス

① D)

🔊 169 Where is Barry from? He has an odd accent. — I have no idea. I was going to ask you the same thing.

バリーはどこの出身なのかな？　ちょっと変わったアクセントがあるね。──さっぱりわからない。私も同じことを聞こうと思っていたのよ。

② C)

🔊 170 It sure is hot today. — You said it. I'm sweating.

今日は本当に暑いね。──まったくそのとおりね。汗だくよ。

③ A)

🔊 171 I'm looking for a Medi-aural Fetal Doppler system. — Come again? A what-system?

Medi-aural Fetal Doppler システムを探しているんだけど。──え、何ですって？何てシステム？

④ B)

🔊 172 I'm having a bit of trouble hearing you. — Yeah, same here. I think we have a bad connection.

あなたの声がちょっと聞こえづらいのですが。──ええ、こちらもです。通信状態が悪いみたいですね。

2. 和文英訳

⑤ 🔊 173 I'm going to call in sick. I feel terrible.

⑥ 🔊 174 Sorry, I was cut off. What were you saying?

⑦ 🔊 175 You've got a pile of letters in your mailbox.

⑧ 🔊 176 I'm going to have a word with Jay about the office temperature.

UNIT **10** | 電話・アポイントメント | ⑤会食の約束をする

「久しぶりに会おうよ」

ABC上海支社のマットは近々、東京本社に出張予定。今回の旅程を組んでくれたケイコに確認の電話を入れます。また、東京を訪れたついでに会いたいと思っている友人にも電話をしてみます。

TASK 1 Listen! まずは聞いてみよう　🔊 177-179

まずはこれから学習するフレーズを含んだ会話例を聞いてみよう。下記のポイントを聞き取るつもりで、集中して挑もう。(解答例 → p.099下)

Point 1 マットの宿泊するホテルから赤坂のオフィスまでの距離は? ＿＿＿＿＿

Point 2 マットがティムと会食するのは来週の何曜日? ＿＿＿＿＿＿＿＿

Point 3 ティムは、会食に誰を呼ぼうと提案している? ＿＿＿＿＿＿＿＿

TASK 2 Write down! 書き取ろう

トランスクリプションを確認しながら、もう一度会話を聞こう。下線部はTASK1のカギとなる部分です。また、フレーズ部分を聞き取って、空欄を埋めてみよう。（解答➡ p.102）

Scene 1 177

Matt: Hi, Keiko. This is Matt. I just wanted to ask you something about the travel arrangements for my Tokyo visit.

Keiko: Sure. What is it?

M: How do I get to our Akasaka office from Haneda Airport?

K: We'll ①(p　　) you (u　　) at the airport and drive you to the hotel first. The office is just ②a (f　　)-(m　　) (w　　) from the hotel, so, we'll ③(s　　) someone (t　) collect you.

Scene 2 178

M: Hi Tim, This is Matt.

Tim: Hey Matt, good to hear from you.

M: I'll be in Tokyo next week for a business trip, and ④I (w　　) (w　　) (i　　) we can ⑤(g　　) (t　　) sometime.

T: Good idea.

M: ⑥(A　　) (y　　) (a　　) (f　　) dinner next Tuesday?

T: Let me check my schedule.

Scene 3 179

T: I'm supposed to ⑦(b　　) (o　　) (o　　) (t　　) next Tuesday. How about Thursday or Friday?

M: ⑧Friday (w　　) (w　　) (f　　) me.

T: Why don't we ask Atsushi to join us? He'd love to see you too.

M: Yeah, let's do that. Could you call him for me?

会話の訳

Scene 1　マット：こんにちは、ケイコ。マットです。僕の東京出張の旅行手配について、聞きたいことがあるのだけど。

ケイコ：ええ。何でしょう？

マ：羽田空港から赤坂オフィスまで、どうやって行けばいい？

ケ：私たちが空港にあなたを車で迎えに行き、ホテルまで車でお連れします。オフィスはホテルからわずか徒歩5分の所にあるので、誰かを迎えに行かせます。

Scene 2　マ：どうも、ティム。マットです。

ティム：やあ、マット。連絡くれてうれしいよ。

マ：来週、出張で東京に行くんだけど、どこかの時点で会うのはどうかなと思って。

テ：いいね。

マ：来週の火曜日、夕食はいかがかな？

テ：スケジュールを確認してみるよ。

Scene 3　テ：来週の火曜は出張することになってるんだ。木曜か金曜はどう？

マ：金曜日なら都合がいいよ。

テ：アツシも誘ったらどうかな？　彼も君に会いたいだろうし。

マ：うん、そうしよう。代わりに電話しておいてくれる？

TASK 1 Listen! 解答例

Point 1　歩いて5分の距離。

Point 2　金曜日。

Point 3　アツシ。

縦書き左端: 電話・アポイントメント

TASK 3 Check & Read Aloud! 確認と音読

TASK2で書き取ったフレーズに関する知識を深めよう。さらに音声に収録されている例文を聞き、ポーズのところで音読してみよう。慣れてきたら文字を見ずに、聞こえてきた音声をまねて言ってみよう。

180 ① pick ~ up Ⓒ （車で）〜を迎えに行く

解説 日本語の「車で（人を）拾う」と同じ感覚で使えるフレーズ。I'll pick you up at 9 a.m. tomorrow.（明日朝9時に迎えに行きます）とか、Can you pick me up?（車で拾ってくれる？）と軽い感じで使います。もちろん、pick 物 up であれば「（物）を拾う」です。

例文 The school bus picks me up every day at 8 o'clock and takes me to school.（スクールバスは毎朝8時に迎えに来て、学校に連れて行ってくれます）

181 ② a *five*-minute walk from ~ Ⓝ 〜から歩いて5分の距離

解説 「ここからたったの5分です」と普通に言うときは、It's only five minutes from here. となりますが、「歩いてたったの5分です」と言うときは、It's only a five-minute walk.、あるいは、It's only five minutes' walk. という言い方をします。「電車で10分」であれば、It's a 10-minute ride by train.、「飛行機で7時間」であれば、It's a seven-hour flight. となります。

例文 My house is only a five-minute walk from the station.（わが家は駅から歩いてたった5分です）

182 ③ send someone to ~ Ⓝ
誰かを〜しに行かせる、誰かを〜に派遣する

解説 このフレーズは send の使い方がポイント。to の前に over を付けることもよくあります。例えば、「機械が故障した」という電話に、I'll send someone（over）to fix it right away.（すぐに誰かを修理に伺わせます）のように言います。「迎えに行く」は会話例にある collect のほか、meet や、①の pick ~ up も使えます。

例文 Call us when you arrive at the airport, and we'll send someone to meet you.（空港に着いたら電話をください、そうしたら誰かを迎えに行かせますので）

縦書き左端: ⑤会食の約束をする

PART 1

PART 2

PART 3

PART 4

PART 5

PART 2_UNIT 10

© **Colloquial** カジュアルな口語表現。会話で使います。
Ⓝ **Neutral** ニュートラルな表現。会話、文章で使います。
Ⓟ **Polite** 丁寧な表現。フォーマルな会話、文書で使います。

🔊 183 ④ I was wondering if ... ©
…はどうかなと思って、もし良かったら…していただけませんか

解説 誰かに頼み事をしたり、誰かを誘ったりするときの決まり文句。直接「してください」「しませんか?」ではなく「if 以下のことについて、どうかなと思っていました」と、ちょっと遠回しに言うことで、丁寧な感じを与えます。例えば、「ちょっと時間を空けていただけないかと思って」=「時間を空けていただけませんか」であれば、I was wondering if you could make yourself available. です。

例文 I was wondering if you could help me finish this. (もし良かったら、これを終わらせるのを手伝っていただけないかと思って)

🔊 184 ⑤ get together Ⓝ 集まる、寄り合う

解説 Let's get together sometime. と言われたら、「いつか会いましょうよ」という意味。後ろに for ~ を続けて、for 以下に「何のために集まるか」を入れると応用が利きます。例えば、Let's get together for a drink/beer. で、「一杯飲みに行こうよ」、Let's get together for dinner. で、「今度食事しようよ」となります。

例文 We should get together next week and have a drink. (来週集まって飲もうよ)

🔊 185 ⑥ Are you available for ~? Ⓝ
～する時間はありますか?　～はいかがですか?

解説 形容詞 available は「入手できる、利用できる」が中心的な意味ですが、もう一つ重要なのが「空いている」という意味。Are you available for lunch tomorrow? は「明日ランチする時間ある?」=「明日、ランチをご一緒にどうですか?」、Are you available for a meeting this afternoon? は、「今日の午後、会議をする時間はありますか?」になります。

例文 I want to talk about this next week. Are you available for a meeting on Tuesday? (これについて来週お話ししたいです。火曜は会議をする時間はありますか?)

◀ 186 ⑦ be out of town **N** 出張中である、街を出ている

解説 ビジネスの世界で「街を出ている」と言えば「出張している」という意味になります。I will be out of town next week.（来週は出張でいません）、He's out of town.（彼は出張中です）のような使い方ができます。これと似て非なるフレーズに from out of town があります。He's from out of town. と言えば、「彼は地方出身です（この街出身ではありません）」ということです。

例文 I'm sorry, Mr. Robinson is out of town right now. Would you like to leave a message?（すみません、ロビンソンさんは今、出張中なんです。伝言はございますか？）

◀ 187 ⑧ ~ will work for me **C** ～なら私は大丈夫です

解説 UNIT 1 の How does it work? でも取り上げましたが（p.018参照）、work は、「動く」「効く」「うまくいく」など、さまざまに使えて便利な動詞。ここで取り上げた〈日時〉will work for me の work は、「うまくいく」という意味から広がって、「都合がいい」ということになります。例えば、Will tomorrow work for you?（明日は大丈夫ですか？、明日のご都合はどうですか？）に対して、Tomorrow works fine for me.（明日は大丈夫ですよ）という答え方をします。

例文 I think 4 o'clock will work for me. Is that a good time for you?（私は4時なら大丈夫だと思います。あなたの都合はどうですか？）

TASK 2 Write down! 解答

① (pick) you (up)
② a (five)-(minute) (walk)
③ (send) someone (to) collect you
④ I (was) (wondering) (if)
⑤ (get) (together)
⑥ (Are) (you) (available) (for) dinner
⑦ (be) (out) (of) (town)
⑧ (will) (work) (for) me

TASK 4 Review Quizzes 復習問題

最後に2種類の復習問題に挑戦し、学習を締めくくろう。

1. クイックレスポンス 🔊 188-191

音声に収録されている①～④の文に続けて、応答になり得るセンテンスをA)-D)から選び、口頭で読み上げよう。

（解答がチャイム音に続けて読まれます。解答の後のポーズで自分でも言ってみましょう。解答とトランスクリプション➡ p.104）

① _____ ② _____ ③ _____ ④ _____

A) Yes, I'll pick you up at 8.
B) I know. We should get together with them soon.
C) Don't worry about it. I'm sending someone to meet you at the airport.
D) Because I'm going to be out of town that day.

2. 和文英訳

⑤～⑧の日本語に合うよう、英文の下線部に英語を入れよう。（解答➡ p.104。正解の英文は音声も聞いて確認し、ポーズの部分で音読やリピーティングをしましょう）

⑤ そのレストランは私の家からわずか徒歩5分の所にある。
The restaurant is just _____ my house.

⑥ もし良かったら今週の金曜日、一緒に出掛けませんか？
_____ you'd like to go out with me this Friday.

⑦ これについてはすぐに話し合わなければいけないな。あなたは15日は空いてる？
We should talk about this soon. _____ on the 15th?

⑧ 私は火曜の午後なら都合がいいよ。リーさん、あなたはどう？
Tuesday afternoon _____ me. How about you, Lee?

電話・アポイントメント

(TASK **4** | Review Quizzes 解答)

1. クイックレスポンス

① **A)**

🔊 188 So, I guess I'll see you tomorrow night. — Yes, I'll pick you up at 8.

では、明日の夜にお会いできますよね。——はい、8時に車で迎えに行きます。

② **D)**

🔊 189 Why aren't you coming to Jason's party? — Because I'm going to be out of town that day.

なぜジェーソンさんのパーティーに行かないんですか?——その日は出張中なんです／街を出ているんです。

③ **C)**

🔊 190 Can you give me directions to the office? — Don't worry about it. I'm sending someone to meet you at the airport.

オフィスへの行き方を教えてもらえますか?——ご心配なく。空港まで誰か迎えに行かせますよ。

④ **B)**

🔊 191 It's been a long time since we've seen Ellen and Larry. — I know. We should get together with them soon.

エレンとラリーに会ってからもうずいぶんたちますね。——そうですね。また近々集まりたいですね。

2. 和文英訳

⑤ 🔊 192 The restaurant is just a five-minute walk from my house.

⑥ 🔊 193 I was wondering if you'd like to go out with me this Friday.

⑦ 🔊 194 We should talk about this soon. Are you available on the 15th?

⑧ 🔊 195 Tuesday afternoon will work for me. How about you, Lee?

⑤会食の約束をする

力試し問題
Definition Quiz 2
英英定義

このPARTで学んだフレーズの意味を英語で説明した「英英定義」のクイズに挑戦してみましょう。音声に収録されている、英語による「フレーズ定義」を聞き、それがどのフレーズの定義なのかを答えてください。解答フレーズはチャイム音に続けて読まれます。（解答とトランスクリプション➡ p.106）

◀ 196

① _____

② _____

③ _____

④ _____

⑤ _____

◀ 197

⑥ _____

⑦ _____

⑧ _____

⑨ _____

⑩ _____

◀ 198

⑪ _____

⑫ _____

⑬ _____

⑭ _____

⑮ _____

◀ 199

⑯ _____

⑰ _____

⑱ _____

⑲ _____

⑳ _____

Answers

トランスクリプションと訳を確認しましょう。わからなかった問題は括弧内の
ページに戻って、フレーズの意味をもう一度確認するようにしましょう。

🔊 196

① To ask why someone is calling or visiting a business, you ask,
"How may I help you?"　　　　　　　　　　　　　　（➡ p.068）
会社に電話をかけてきた、あるいは、会社を訪ねてきた人にその理由を聞くときは、
How may I help you?（どのようなご用件でしょうか？）と尋ねます。

② If you want to ask someone to wait for a short time, you can
also say, "Hold on."　　　　　　　　　　　　　　（➡ p.068）
誰かにしばらく待ってほしいと頼みたいとき、Hold on.（待ってください）とも言え
ます。

③ When you transfer a phone call, you can say, "I'll put you
through."　　　　　　　　　　　　　　　　　　（➡ p.069）
電話を転送するとき、I'll put you through.（おつなぎします）と言えます。

④ When someone calls or visits you at an arranged time, you can
say, "I've been expecting you."　　　　　　　　　（➡ p.070）
予定の時間に電話をかけてきたり、尋ねてきたりした人には、I've been expecting
you.（あなたをお待ちしていました）と言うことができます。

⑤ Another way to say "responsible for" is "in charge of."　（➡ p.076）
responsible for（～の責任がある）の言い換えは、in charge of（～を担当して
いる）です。

🔊 197

⑥ When you answer the phone but you do not recognize the
person's name or voice, you can say, "May I ask who's calling,
please?"　　　　　　　　　　　　　　　　　　（➡ p.076）
電話を受けたけれど、その人の名前や声がわからないとき、May I ask who's
calling, please?（どちらさまですか？）と言えます。

⑦ If you use less of something or do less of something, you cut down on it. (→ p.077)

何かの消費や、何らかの行為を減らすとき、あなたはそれを cut down on（〜を削減する）します。

⑧ When there is twice as much of something, it has doubled. (→ p.078)

何かが2倍の量あるとき、それは doubled（倍になった）ということです。

⑨ Another way of saying "right now," is, "at the moment." (→ p.084)
right now（今）の別の言い方は、at the moment（ただ今）です。

⑩ When you need to cancel a plan but don't want to give exact reasons, you can say, "Something has come up." (→ p.084)
計画を取りやめなければならないが、詳しい理由を言いたくないとき、Something has come up.（急用ができた）と言うことができます。

🔊 198

⑪ Another way to say, "That sounds good," is, "That'll be fine." (→ p.086)

That sounds good.（いいですね）の別の言い方は、That'll be fine.（それで結構です）です。

⑫ When you arrive at an office, you might ask for the person you want to meet by saying, "I'm here to see ~." (→ p.086)
オフィスに着いたら、I'm here to see ~（〜にお会いするために伺いました）と言って、面会したい相手を呼び出すといいでしょう。

⑬ When your phone line stopped for an unknown reason, you say you were cut off. (→ p.092)
理由はわからないけれど、電話回線が切れた場合、(be) cut off（通話が切れた）と言います。

⑭ A strong way to say, "I don't know," is, "I have no idea." (→ p.093)
I don't know.（知りません）の強調表現は、I have no idea.（全然見当がつかない）です。

⑮ When you tell your boss that you cannot work because you are sick, you are calling in sick. (➡ p.093)
病気で仕事ができないことを上司に伝えるとき、call in sick（病欠の連絡をする）します。

199

⑯ When you completely agree with someone's opinion, you can say, "You said it." (➡ p.094)
誰かの意見に完全に同意するとき、You said it.（そのとおり）と言うことができます。

⑰ When you meet someone and take them to the next place they are going, you pick them up. (➡ p.100)
誰かに会って、その人を次の目的の場所に連れて行くことは、その人をpick up（迎えに行く）するということです。

⑱ To begin a question or request in a polite way, you can say, "I was wondering if ..." (➡ p.101)
丁寧に質問やお願いを切り出すには、I was wondering if ...（…かどうかと思って、…していただけないかなと思って）と言うといいでしょう。

⑲ If you want to say that someone is away for a vacation or business trip, you can say they are out of town. (➡ p.102)
誰かが休暇や出張でいないとき、その人は(be) out of town（出張中である、街を出ている）だと言うことができます。

⑳ When you are trying to arrange a meeting, you can suggest the most convenient time or place for you by saying, "X will work for me." (➡ p.102)
会合を設定しようとしているとき、X will work for me.（Xなら私は大丈夫です）と言うことで、一番都合のいい時間や場所を提案することができます。

力試し問題
Listening Challenge 2
長文リスニング

PART2の総仕上げとして、少し難しいリスニング問題に挑戦してみましょう。ここで聞く長めのモノローグには、このPARTで学んだフレーズが随所にちりばめられています。これらのフレーズは、これまでのTASKを通じて、すでに皆さんの耳と脳にしっかり定着していますから、スピードが速いモノローグの中でも、くっきり浮かび上がって聞こえることでしょう。そうした「お得意フレーズ」を手がかりに、問題を解いてみてください。（トランスクリプション➡ p.110、解答➡ p.112）

🔊 200

① Who is "Jim"?
ⓐ A taxi driver
ⓑ The person in charge of accounting
ⓒ The speaker's boss

② What did "Jim" offer to do for the speaker?
ⓐ To drive him to work
ⓑ To wake him up
ⓒ To repair his car

③ What does the speaker want to do?
ⓐ To be friends with Dave
ⓑ To drive to work alone
ⓒ To go to work at an earlier time

電話・アポイントメント

Transcript

トランスクリプションを確認しましょう。オレンジ色の網掛け部分が PART 2 で学んだフレーズ、下線部が設問の解答につながる箇所です。

An Advice Request

🔊 200

Dear Gracie,

I have a problem at my new job **at the moment**, and **I really have no idea** what to do.

Jim, not his real name, **is in charge of** the section I work in. Generally, he is really nice. One day, we found that we take the same route to get to work. I didn't think much of it at the time.

A few weeks later, I mentioned that my car had broken down. I was planning to take the bus. Jim said he could **pick me up** on his way to work, and asked me if 6:45 **would work for me**. I said, "**That'll be fine**," and thanked him. 6:45 was actually a lot earlier than usual for me. But I decided it would be worth getting up a bit earlier just once. I had **a pile of** work to do anyway.

The next morning, Jim said **he was wondering if** I would like to share the driving with him. He said he was trying to **cut down on** travel expenses, and if we **got together**, we could both save money. I was trying to save money, too. So I agreed.

Big mistake.

Jim **came over** to **pick me up** all that week. And it was fine at first. But the next Monday, he called me at home. "Hi, this is Jim calling," he said, "**I was just thinking about** offering a ride to Dave in Accounting. He's only **a 10-minute walk from** your house. **I've had a word with him**, and he likes the idea, too. What do you think?"

I didn't like Dave, and I really didn't want to drive with him. But it was difficult to say no. Dave and Jim, it turns out, are very good friends.

Now, in the car, they talk loudly about work, and rarely talk to me. I just want to drive to work alone again. Sometimes I tell them that **something has come up**, and **I can't make it** that morning. But, of course, I can't say that every day. I tried telling Jim that 6:45 was too early, but he just offered to pick me up at a later time.

Really, I can't take it anymore. I even **called in sick** last week to avoid them! How do I tell my boss that **I'm just not interested** in driving to work with him anymore?

Signed,
Driven Crazy

Translation 　訳とクイズの答えを確認しましょう。

助言をください

グレーシーへ

　今、新しい仕事のことで問題を抱えていて、どうするべきかまったくわかりません。

　ジム（仮名）は、私が働いている部署の責任者です。概して、彼は本当に親切です。ある日、私たちは同じルートで職場に通っていることがわかりました。その時は、そのことをそんなに深くは考えていませんでした。

　数週間後、私は自動車が故障したことを話しました。私はバスに乗るつもりでした。ジムが、職場に行く途中で私を車で拾ってもいいと言ってくれて、6時45分だと都合がいいかどうかを尋ねました。私は「問題ないと思います」と言って、彼に感謝しました。実は、私にとって6時45分は普段よりかなり早い時間でしたが。たった一度のことなら、ちょっと早く起きるだけの価値はあるだろうと思ったのです。どっちにしても山積みの仕事がありましたし。

　翌朝ジムは、共同で運転するのはどうだろう、と聞いてきました。彼は交通

電話・アポイントメント

費を節約しようとしており、もし一緒に行けば、2人とも出費を抑えることができるだろうと言ったんです。私も同じく節約しようとしていました。だから、同意したんです。

　大きな間違いでした。

　ジムはその週ずっと、私を迎えに来ました。最初は問題なかったんです。でも、次の月曜日、彼が私の家に電話をしてきました。「やあ、ジムだけど」と彼は言いました、「経理のデーブも車に乗せて行ってあげてはどうかと考えていたところなんだ。彼の家は君の家から徒歩10分の所にあるんだよ。彼と話をしたんだけど、彼もそのアイデアに乗り気だった。君はどう思う?」と。

　私はデーブが好きではありませんでしたし、彼と一緒にドライブしたくありませんでした。でも、断るのは難しかったのです。デーブとジムは、実は、非常に良い友人だとわかりました。

　今では、彼らは車中で大きな声で仕事について話をしていて、私にはめったに話し掛けてきません。私はとにかくまた一人で車通勤したいのです。時々、ちょっと用事ができたから今朝は行けないと言ってみたりします。でも、もちろん、毎日そう言うわけにはいきません。ジムに6時45分は早過ぎると言ってみたのですが、彼はもう少し遅い時間に迎えに行くと申し出ただけでした。

　本当に、もうこれ以上我慢できません。先週は彼らを避けるために病欠の連絡をしたくらいです!　上司にもう彼と一緒に仕事に行くことにまったく興味がないと、どう伝えればいいでしょうか?

署名
Driven Crazy

長文リスニングの解答と問題文・選択肢の訳

① 「ジム」とは誰?
　　ⓐタクシーの運転手　ⓑ経理部の責任者　ⓒ話し手の上司
② 「ジム」は話し手のために何をすると申し出た?
　　ⓐ彼を職場に車で送る　ⓑ彼を起こす　ⓒ彼の車を修理する
③ 話し手は何をしたい?
　　ⓐデーブと仲良くしたい　ⓑ一人で車で職場に通いたい
　　ⓒもう少し早い時間に職場に行きたい

PART 3

会議・打ち合わせ

ビジネスを前に進めるために、
段取りの確認や、意見交換は欠かせません。
業務見直しの打ち合わせや、経営会議など、
さまざまな「話し合い」のシーンを聞いて
英語での意見の述べ方、同意、反論の仕方を学びましょう

MP3
File List

PART 3
会議・打ち合わせ

UNIT 11 | 会議・打ち合わせ | ①会議の時間変更

「2分後に会議室に集合!」

販売部のアツシが新商品のセールスプランの打ち合わせのために準備をしていたところ、ケイティーが慌ててやって来ました。どうも、会議の時間が突然変更になったようです。

TASK 1 Listen! まずは聞いてみよう

201-203

まずはこれから学習するフレーズを含んだ会話例を聞いてみよう。下記のポイントを聞き取るつもりで、集中して挑もう。(解答例➡ p.117下)

Point 1 打ち合わせは本当はいつの予定だった? _____

Point 2 アツシはなぜ焦っている? _____

Point 3 ポールはどういう職種に就いている? _____

会議・打ち合わせ

TASK **2** Write down! 書き取ろう

トランスクリプションを確認しながら、もう一度会話を聞こう。下線部は TASK1
のカギとなる部分です。また、フレーズ部分を聞き取って、空欄を埋めてみよう。
（解答➡ p.120）

Scene 1
🔊 201

Katy: Oh no, ① we're (s) (t) be in the meeting
    room in two minutes.
Atsushi: What! ② I'm still (w ing) (o) this list. You
    said the meeting was this afternoon.
K: Sorry, there's been a slight change of plan.
A: Don't tell me — Paul has an appointment with a client
  so we have to start earlier.
K: ③ (S   ) (I) (th).

Scene 2
🔊 202

A: I think he does it ④ (o) (p   ).
K: No, he's a salesman. Put yourself in his shoes.
A: ⑤ (I) (w) (w)?
K: Well, if a customer wanted to ⑥ (p) a big
  (o   ), would you want to see them as soon as
  possible?
A: I guess you're right. Well, you go ahead and I'll be
  there in about 20 minutes.

Scene 3
🔊 203

K: Hey, there's no rush with that list.
A: What do you mean?
K: I got to the meeting room and guess what?
A: Paul ⑦ didn't (t) (u).
K: No, ⑦ he (t ed) (u), but all he said was
  "⑧ (I   ) (g) (t) (g)!"

① 会議の時間変更

会話の訳

Scene 1 ケイティー：ああ、どうしよう。2分後には会議室にいなければならないのに。

アツシ：えっ！ このリスト、まだ終わっていないよ。打ち合わせは午後だって言ったじゃないか。

ケ：ごめんね、ちょっと予定に変更があったの。

ア：もしかして――ポールが顧客と会う約束があるから、早く始めなきゃいけないとか？

ケ：そんなところね。

Scene 2 ア：彼、わざとやってるんじゃないかな。

ケ：いいえ、彼は営業よ、彼の立場で考えてみなさいよ。

ア：どんなふうに？

ケ：つまり、もし顧客が大口の注文をしたいと言ったら、なるべくすぐ会いたいと思うでしょ？

ア：そうかもね。じゃあ、君、行っててよ、20分後くらいには行くから。

Scene 3 ケ：ねえ、リストは急がなくていいわよ。

ア：どういうこと？

ケ：会議室に行ってみたら、どうだったと思う？

ア：ポールが現れなかったとか。

ケ：ううん、現れたわよ、でも言ったのは「もう行かなきゃ」だけだったの！

TASK 1 Listen! 解答例

Point 1 午後。

Point 2 （会議に必要な）リストがまだできていないから。

Point 3 営業。

TASK 3 Check & Read Aloud! 確認と音読

TASK2で書き取ったフレーズに関する知識を深めよう。さらに音声に収録されている例文を聞き、ポーズのところで音読してみよう。慣れてきたら文字を見ずに、聞こえてきた音声をまねて言ってみよう。

204 ① (be) supposed to ~ **N**
　　　 ～することになっている、～しないといけない

解説 このフレーズの中心的な意味は「(取り決め、義務として)～することになっている」。例えば、He's supposed to be here by now.(彼は今ごろはもうここに来ていないといけないはずだ) のように使います。また、「～と予想される」という意味でも使われます。例：It's supposed to rain in the afternoon.(午後は雨になるらしい)。

例文 I want to come with you but I'm supposed to go to the dentist. (一緒に行きたいんですが、歯医者に行くことになっているんです)

205 ② (be) still working on ~ **N**
　　　 まだ～に取り組んでいるところ、～がまだ終わっていない

解説 work on ~ は「～に取り組む」「手配をする」という意味。I'm still working on ~ と言えば「まだ～に取り組んでいるところ、まだ～をやっている最中」ということです。ちなみに、レストランで、まだ食べている途中なのにお皿をウエーターが下げようとしたときにも、I'm still working on it. (まだ食べている途中です) が使えます。

例文 "Show me that new product you were designing." "No, I'm still working on it." (「あなたがデザインしていた新製品を見せてください」「いえ、まだ作業中なんです」)

206 ③ Something like that. **C** そんなところです。そんな感じかな。

解説 Something like that. は「そんなところかな」「そんな感じかな」という感覚で使うフレーズです。相手の発言が「当たらずとも遠からず」といった感じだったとき、Well, it's something like that. (まあ、そんな感じかな) と言えば無難な返事になるでしょう。

例文 "You look tired; did you have a late night?" "Yes, something like that." (「疲れているみたいですね、夜遅くまで起きてたんですか?」「ええ、そんなところです」)

【 シチュエーションマークについて 】

見出しの後についている ⓒ Ⓝ Ⓟ の3つのマークは、フレーズの丁寧さのレベルを表しています。ビジネスでは場面にふさわしい表現を使うことが大切です。フレーズを選ぶ際の参考にしましょう。

ⓒ **Colloquial** カジュアルな口語表現。会話で使います。
Ⓝ **Neutral** ニュートラルな表現。会話、文章で使います。
Ⓟ **Polite** 丁寧な表現。フォーマルな会話、文書で使います。

🔊 207 ④ on purpose Ⓝ わざと、故意に

解説 purpose は「目的」で、on purpose とすると、「目的を持って」＝「わざと」という意味になります。intentionally（意図的に）と同じ意味ですが、日常会話ではよく on purpose を使います。I didn't do that on purpose.（わざとやったわけじゃない）とか、She said that on purpose.（彼女、わざとそう言ったんだよ）という具合に使います。

例文 "Ouch! You stood on my foot!" "Sorry, I didn't do it on purpose." （「痛い! 足を踏んだわね!」「ごめん、わざとじゃなかったんだ」）

🔊 208 ⑤ In what way? ⓒ どういう意味で?、どういうふうに?

解説 In what way? はいわば「突っ込み」の表現として使えます。例えば The movie wasn't what I expected.（あの映画、私が思ってたのとは違ってた）と言われた場合、それだけでは、良い方に違っていたのか、悪い方に違っていたのかわかりません。そこで、In what way?（どういうふうに?）と言って、真意を聞き出すわけです。

例文 "This computer's so good." "In what way?" （「このコンピューターはすごいいわよ」「どういうふうに?」）

🔊 209 ⑥ place an order Ⓝ 注文する、発注する

解説 名詞の order を使って「注文する」を表す場合、make an order、give an order も OK ですが、この place an order という組み合わせも頻出です。主に何かを「発注する」という場合に使われ、レストランで食事を注文するようなときには使われません。

例文 The store didn't have the phone I wanted, so I had to place an order. （その店には私の欲しかった電話がなかったので、注文しなくてはならなかった）

◀ 210 ⑦ turn up Ⓒ 姿を現す、現れる、見つかる

解説 turn up は「現れる、ひょっこり姿を現す」という意味の句動詞で、show up と同じ意味です。「偶然見つかる、ひょっこり出てくる」という意味でも使われます。The key I thought I'd lost turned up in my coat pocket.（なくしたと思った鍵がコートのポケットから出てきた）。さらに radio、oven、heater など機械を目的語にすると、「（機械の）出力を上げる」ということになります。例：It's cold in here. Can you turn up the heater?（ここ、寒いわ。ヒーターを強にしてくれない？）、Would you please turn down the radio?（ラジオの音量を下げていただけませんか？）。

例文 You're finally here! I've been waiting an hour for you to turn up.（やっと来た！　君が現れるのを1時間も待っていたよ）

◀ 211 ⑧ I've got to go. Ⓒ もう行かなくては。

解説 I've got to go. の I've got to ~ は、I have got to ~ の略です。意味としては I must ~ や I have to ~（～しなければいけない）と同じです。特に I've got to go.（もう行かなくては）は、I have to go. よりもよく耳にしますし、さらに縮めて、Gotta go. とだけ言う人もいます。別に本当にどこかに行かなくてはいけないというときだけではなく、話を切り上げたいときにも、「そろそろ行かなきゃ」という感じで使えます。

例文 "Why don't you stay and have a coffee?" "Sorry, I've got to go."（「ここに残ってコーヒーでもどう？」「ごめんなさい、もう行かなきゃ」）

(TASK **2**) **Write down!** 解答

① we're (supposed) (to) be
② I'm still (working) (on)
③ (Something) (like) (that)
④ (on) (purpose)
⑤ (In) (what) (way)
⑥ (place) a big (order)
⑦ didn't (turn) (up) ／ he (turned) (up)
⑧ (I've) (got) (to) (go)

TASK 4 Review Quizzes 復習問題

最後に2種類の復習問題に挑戦し、学習を締めくくろう。

1. クイックレスポンス 🔊 212-215

音声に収録されている①〜④の文に続けて、応答になり得るセンテンスをA)-D)から選び、口頭で読み上げよう。

（解答がチャイム音に続けて読まれます。解答の後のポーズで自分でも言ってみましょう。解答とトランスクリプション➡ p.122）

① _____ ② _____ ③ _____ ④ _____

A) No, I'm sorry. I've got to go.
B) No, I'm still working on it.
C) Sorry, it wasn't on purpose.
D) Really? In what way?

2. 和文英訳

⑤〜⑧の日本語に合うよう、英文の下線部に英語を入れよう。（解答➡ p.122。正解の英文は音声も聞いて確認し、ポーズの部分で音読やリピーティングをしましょう）

⑤ 心配しないで。君のメガネはすぐに見つかるよ。

Don't worry. Your glasses will _____ soon.

⑥ 全員が午前9時までに出社することになっている。

Everyone _____ be in the office by 9 a.m.

⑦ パン屋さんに注文をした。

I _____ with a bakery.

⑧「お好み焼きって、ホットケーキのこと?」
　「ええと、まったく同じじゃないけど、そんな感じかな」

"Is *okonomiyaki* a pancake?"

"Well, not exactly, but _____ ."

会議・打ち合わせ

TASK 4 Review Quizzes 解答

1. クイックレスポンス

① B)

🔊 212 Is the report ready yet? — No, I'm still working on it.

レポートは準備できた?――いえ、まだ作業中です。

② A)

🔊 213 Do you have time for a cup of coffee? — No, I'm sorry. I've got to go.

コーヒーを1杯飲む時間はあるかな?――いえ、ごめんなさい。もう行かなくちゃ。

③ C)

🔊 214 You broke my PC! — Sorry, it wasn't on purpose.

僕のパソコンを壊したな!――ごめんなさい、わざとやったわけじゃないのよ。

④ D)

🔊 215 This movie has changed my life. — Really? In what way?

この映画は僕の人生を変えたんだ。――本当? どんなふうに?

2. 和文英訳

⑤ 🔊 216 Don't worry. Your glasses will turn up soon.

⑥ 🔊 217 Everyone is supposed to be in the office by 9 a.m.

⑦ 🔊 218 I placed an order with a bakery.

⑧ 🔊 219 "Is *okonomiyaki* a pancake?"

"Well, not exactly, but something like that."

① 会議の時間変更

UNIT 12 | 会議・打ち合わせ | ②業務の見直し

「私の見方では……」

改めて打ち合わせに挑んだアツシ、ケイティー、ポールの3人。そろそろ締めようとするポールを、アツシが「重要な議題を忘れている」と止めます。アツシは資料を示して自説を述べます。

TASK 1 Listen! まずは聞いてみよう 🔊 220-222

まずはこれから学習するフレーズを含んだ会話例を聞いてみよう。下記のポイントを聞き取るつもりで、集中して挑もう。(解答例 ➡ p.125下)

Point 1 この打ち合わせの主な目的は何だった? _____

Point 2 クリスタル社とピケラップ社では、どちらが料金が安い? _____

Point 3 クリスタル社に主に依頼しているのはどんな仕事? _____

123

会議・打ち合わせ

TASK 2 | Write down! 書き取ろう

トランスクリプションを確認しながら、もう一度会話を聞こう。下線部はTASK1
のカギとなる部分です。また、フレーズ部分を聞き取って、空欄を埋めてみよう。
（解答 ➡ p.128）

Scene 1 🔊 220

Paul: OK, ①(w   ) all (d   ) h   ).

Atsushi: But I thought <u>the main reason we got together today was to discuss our shipping problems</u>!

P: Sorry, ②I'm all (m   ) (u   ). You're right, Atsushi. ③(G   ) (r   ) (a   ).

A: Well, the way I see it is, <u>Crystal are cheaper than Pickitup</u>, but Pickitup are much better.

Scene 2 🔊 221

Katy: ④I (d   ) (b   ) (th   ).

A: You don't have to ⑤(t   ) (m   ) (w   ) (f   ) (i   ). Look at this list.

K: What have you ⑥(c   ) (u   ) (w   ) here?

A: This is a list of all the parcels that arrived late in the last three months.

K: ⑦I (s   ) (wh   ) (y   ) (m   ) — they're nearly all Crystal jobs.

Scene 3 🔊 222

P: But isn't that because <u>we only use Crystal for same-day orders</u>?

A: I wasn't aware of that.

K: In that case, why don't we try Pickitup with a few same-day jobs and see how they do?

A: Are you OK with that, Paul?

P: I don't know if we should take that risk. ⑧(L   ) (m   ) (s   ) (o   ) (i   ).

②業務の見直し

会話の訳

Scene 1 ポール：よし、これで終わり。

アツシ：でも、今日集まったのは配送の問題について話し合うためだと思ってたんですが！

ポ：ごめん、すっかり混乱しちゃった。そうだったね、アツシ。どうぞ話して。

ア：ええと、僕の見方では、クリスタル社はピケラップ社より安いですが、ピケラップ社の方がずっといいです。

Scene 2 ケイティー：それはどうかしら。

ア：僕の言うことを信じてもらわなくてもいいよ。このリストを見て。

ケ：これ、いったい何を思い付いたの？

ア：これはこの3カ月で遅れて届いた小包のリストです。

ケ：なるほどね──ほとんど全部、クリスタル社の仕事ね。

Scene 3 ポ：でも、それはわれわれがクリスタル社を即日配送注文にしか使わないからじゃないか？

ア：それは気付かなかった。

ケ：そういうことなら、ピケラップ社に即日配送の仕事をいくつか回してみて、どれくらいやれるか見てみてはどうかしら。

ア：それでいいですか、ポール？

ポ：そんなリスクを冒すべきなのかわからないな。ちょっと考えさせてくれ。

TASK 1 Listen! **解答例**

Point 1 配送の問題について話し合うこと。

Point 2 クリスタル社。

Point 3 即日配送の仕事。

会議・打ち合わせ

② 業務の見直し

TASK 3 | Check & Read Aloud! 確認と音読

TASK2で書き取ったフレーズに関する知識を深めよう。さらに音声に収録されている例文を聞き、ポーズのところで音読してみよう。慣れてきたら文字を見ずに、聞こえてきた音声をまねて言ってみよう。

● 223 ① (be) done here ⓒ ここは終わり、これでおしまい

解説 「これで終わりだね」と仕事などを切り上げるときのフレーズです。here は「場所」に限らず、「この状況」を漠然と指しています。会話例では、「(もう議題は出尽くしたから、)会議は終わりでいいね」という意味で使われています。下の例文では、「このお店での用事はもう済んだ」という意味で使われています。

例文 "Do you want to look at anything else in this store?" "No, I'm done here." (「このお店でほかに見たいものはある?」「いや、ここはもういいよ」)

● 224 ② (be) all mixed up ⓒ
すっかり混乱している、ごちゃごちゃになっている

解説 いろんなことが頭をめぐって収拾がつかなくなっている状態を、口語では I'm all mixed up.(すっかり混乱している)と表現します。ニュートラルな表現で言えば、I'm confused.。「すっかり混乱しちゃった」は、get(~になる)を使って I got all mixed up. と言えますが、get mixed up は「悪いことに巻き込まれる、良からぬ人間とかかわり合いになる」という意味もあるので、使い分けが必要です。例:I got mixed up in a drunken fight.(酔っぱらいのけんかに巻き込まれた)。

例文 "Are you sure you packed your passport?" "I can't remember, I'm all mixed up." (「パスポートはちゃんと荷物に入れたの?」「思い出せない、すっかり混乱しちゃって」)

● 225 ③ Go right ahead. ⓒ どうぞ。やってください。

解説 Go ahead.(どうぞ、やってください)は、何かを勧めるときに使われる表現ですが、Go right ahead. とすると、強調の right が加わる分、「ぜひ、ご遠慮なくどうぞ!」という気さくな感じが出ます。何か許可を求められて、「どうぞ」と感じ良く了承するときに便利なフレーズです。

例文 "Do you mind if I sit here?" "No, go right ahead." (「ここに座ってもいいですか?」「ええ、どうぞ」)

> Ⓒ **Colloquial** カジュアルな口語表現。会話で使います。
> Ⓝ **Neutral** ニュートラルな表現。会話、文章で使います。
> Ⓟ **Polite** 丁寧な表現。フォーマルな会話、文書で使います。

🔊 226 ④ I don't buy that. Ⓒ
私はそうは思わない。それはいただけない。

解説 I don't buy that. の buy は「信じる、真に受ける」や「受け入れる、賛成する」という意味で、つまり「あなたの言葉をそのまま受け取るわけにはいかない」=「そうは思わない」。相手の発言に異議を唱える決まり文句です。

例文 "Modern art is nothing special; anyone can do it." "I don't buy that."（「現代美術って、特別なものじゃないわ。誰にでもできる」「僕はそうは思わないな」）

🔊 227 ⑤ take one's word for it Ⓒ ～の言うことを信じる

解説 take one's word for it は「～（人）の言葉をそのまま信じる」という意味です。for it はあってもなくても大丈夫。「彼の言葉をそのまま信用するな」なら、Don't take his word (for it). となります。会話例では You don't have to take my word for it.（信じてもらわなくてもいいよ）のように否定形で使われていますが、肯定形で Take my word for it. と言えば、「私の言葉を信じて」「本当だよ!」という決まり文句になります。

例文 "The journey will be much nicer if we go by train." "I'll take your word for it."（「電車で行くともっといい旅になるわ」「君の言葉を信じるよ」）

🔊 228 ⑥ come up with ~ Ⓒ ～を思い付く、～を考え出す

解説 come up with は「思い付く、考え出す」という意味で、Can you come up with a better idea?（ほかにもっと良いアイデアを考え出せる?）、We need to work together to come up with a solution.（解決策を見つけるために力を合わせなければいけない）のように使います。また、「お金を工面する」という意味もあります。例：How did you come up with that much money?（どうやってそんな大金を工面できたの?）。

例文 "I've been thinking about what we can tell Sandra about not going to her party." "And what have you come up with?"（「サンドラに、彼女のパーティーに行かないことについてどう言おうか考えてるんだけど」「それで何を思い付いたの?」）

127

🔊229 ⑦ I see what you mean. ©
なるほど。そういうことか。わかるよ。

解説 直訳すると「あなたの言っている意味がわかります」ですが、日常会話では、「ああ、わかった」とか「なるほど、そういうことか」という返答としてよく使われます。相手が何を言おうとしているのかを理解した、という意味です。ただ、「あなたの言い分はわかった」というだけで、必ずしも「納得した、同意します」ということにはなりません。つまり、I see what you mean, but ... のように、続けて反論することもできるわけです。

例文 "Look, I told you this coat wouldn't fit me." "I see what you mean."（「ほら、このコートは私には似合わないって言ったでしょ」「なるほどね」）

🔊230 ⑧ Let me sleep on it. ©
それは一晩考えさせて。ちょっと考えさせて。

解説 Let me sleep on it. は、「その上で寝させて」ではなく、「それについて一晩考えさせて」という意味。ただ、必ずしも厳密に「一晩」ではなく、Let me think about it for a while.（しばらく考えさせて）くらいの感じで使われます。何か性急に答えを出そうとしている同僚には、I think you should sleep on it.（ちょっとゆっくり考えてみなよ）のようにアドバイスすることができます。

例文 "Mom, can I stay at Meg's house on Friday?" "I don't know; let me sleep on it."（「ママ、金曜にメグの家に泊まってもいい?」「どうかしら、ちょっと考えさせて」）

TASK **2** **Write down! 解答**

① (we're) all (done) (here)
② I'm all (mixed) (up)
③ (Go) (right) (ahead)
④ I (don't) (buy) (that)
⑤ (take) (my) (word) (for) (it)
⑥ (come) (up) (with)
⑦ I (see) (what) (you) (mean)
⑧ (Let) (me) (sleep) (on) (it)

TASK 4 Review Quizzes 復習問題

最後に2種類の復習問題に挑戦し、学習を締めくくろう。

1. クイックレスポンス 🔊 231-234

音声に収録されている①〜④の文に続けて、応答になり得るセンテンスを A)-D) から選び、口頭で読み上げよう。

（解答がチャイム音に続けて読まれます。解答の後のポーズで自分でも言ってみましょう。解答とトランスクリプション➡ p.130）

① _____ ② _____ ③ _____ ④ _____

A) No, I think we're all done here. Let's go home.

B) I don't buy that.

C) Go right ahead. I'll be there in a minute.

D) I see what you mean. It's delicious.

2. 和文英訳

⑤〜⑧の日本語に合うよう、英文の下線部に英語を入れよう。（解答➡ p.130。正解の英文は音声も聞いて確認し、ポーズの部分で音読やリピーティングをしましょう）

⑤「これはイタリア産の革でできているんですよ」
　「あなたの言うことを信じましょう」
"This is made from Italian leather."
"I'll _____ ."

⑥ 今は何のアイデアも考え付きませんが、一晩考えさせてください。
I can't think of any ideas now, but _____ .

⑦ 新しい計画を考え出さないといけない。
We need to _____ a new plan.

⑧ ページがみんなごちゃごちゃになってる。表紙はどこ？
These pages are _____ . Where's the cover?

会議・打ち合わせ

TASK **4** **Review Quizzes** 解答

1. クイックレスポンス

① **C)**

🔊 **231** I'm going to go to the cafeteria. I'm so hungry. — Go right ahead. I'll be there in a minute.

カフェテリアに行くわ。おなかがすごくすいてる。——どうぞ行って。すぐに行くよ。

② **A)**

🔊 **232** Is there anything left to be done? — No, I think we're all done here. Let's go home.

まだやらなきゃいけないことはある?——いや、これでおしまいだと思うよ。帰ろう。

③ **D)**

🔊 **233** This is the best cake I've had in ages. — I see what you mean. It's delicious.

こんなおいしいケーキずいぶん久しぶりに食べたわ。——わかるよ。すごくおいしいね。

④ **B)**

🔊 **234** Leanne says the company will probably go out of business by July. — I don't buy that.

リアンはその会社は7月までには倒産すると言っているわ。——僕はそうは思わないな。

2. 和文英訳

⑤ 🔊 **235** "This is made from Italian leather."
"I'll take your word for it."

⑥ 🔊 **236** I can't think of any ideas now, but let me sleep on it.

⑦ 🔊 **237** We need to come up with a new plan.

⑧ 🔊 **238** These pages are all mixed up. Where's the cover?

②業務の見直し

UNIT 13 | 会議・打ち合わせ | ③結論を述べる

「最優先するべきことは……」

アツシとケイティーは、配送体制の変更を検討するために、クリスタル社とピケラップ社のデータを集め始めました。アツシは、価格だけで決めるべきではないと言うのですが……。

TASK 1 **Listen! まずは聞いてみよう**　　🔊 239-241

まずはこれから学習するフレーズを含んだ会話例を聞いてみよう。下記のポイントを聞き取るつもりで、集中して挑もう。(解答例 ➡ p.133 下)

Point 1 ケイティーは何を知りたがっている? _____

Point 2 アツシは取引業者を決める際、何を考慮するべきと言っている? ____

Point 3 ケイティーが最優先すべきだと考えていることは? _____

131

会議・打ち合わせ

③結論を述べる

TASK **2** **Write down!** 書き取ろう

トランスクリプションを確認しながら、もう一度会話を聞こう。下線部は TASK1
のカギとなる部分です。また、フレーズ部分を聞き取って、空欄を埋めてみよう。
（解答➡ p.136）

Scene 1 239 Katy: Atsushi, ① (d   ) (y   ) (h   ) (t   ) (k   )
how much we spent with Crystal and Pickitup last
quarter?

Atsushi: No, ② not (o   ) the (t   ) (o   ) my (h   ),
but I could ③ (f   ) it (o   ).

K: How long will it take?

A: Well, I'm a little busy right now.

K: OK, ④ (I   ) (h   ) (y   ) (o   ).

Scene 2 240 A: In that case, let's get started!

K: ⑤ (T   ) (b   ) (I   ) is, if Crystal are much
cheaper, then we may have to use them for everything.

A: But we have to take customer service into account.

K: Our company is ⑥ (i   ) (th   ) (r   ). The first thing
we have to do is save money.

A: ⑦ (F   ) (e   ).

Scene 3 241 K: Right, do you want me to look through these files?

A: Actually, I have all the info on my system. I can do it in
five minutes.

K: Would you?

A: Yes, just ⑧ (I   ) (i   ) (t   ) (m   ).

132

会話の訳

Scene 1 ケイティー：アツシ、前四半期にクリスタル社とピケラップ社にいくら
払ったか、もしかして知ってる?

アツシ：いや、今すぐにはわからないけど、計算できると思うよ。

ケ：どれくらいかかる?

ア：ええと、今ちょっと忙しいんだよね。

ケ：わかった、手伝うわ。

Scene 2 ア：それなら、始めようか!

ケ：要するに、クリスタル社の方がずっと安ければ、全部クリスタルを
使わないといけないかもしれないってことね。

ア：でも、顧客サービスのことも考えないと。

ケ：うちの会社は赤字なのよ。最優先するべきなのは、コストを削減
することよ。

ア：わかったよ。

Scene 3 ケ：さてと、このファイルに目を通した方がいい?

ア：実は僕のシステムに全部の情報が入ってるんだ。5分でできる
よ。

ケ：やってくれる?

ア：ああ、まあ僕に任せて。

(TASK 1) **Listen! 解答例**

Point 1 前四半期にクリスタル社とピケラップ社にいくら払ったか。

Point 2 顧客サービス。

Point 3 コストの削減。

TASK 3 Check & Read Aloud! 確認と音読

TASK2で書き取ったフレーズに関する知識を深めよう。さらに音声に収録されている例文を聞き、ポーズのところで音読してみよう。慣れてきたら文字を見ずに、聞こえてきた音声をまねて言ってみよう。

242 ① Do you happen to know ...? **N**
(もしかして)〜をご存じですか？　(ところで)〜を知ってたりする？

解説 Do you know ~? に happen to で「たまたま」というニュアンスを加えた表現。相手が答えを返せなくても相手のせいではありませんよ、という意図が伝わるので、直接的な Do you know ~? よりも丁寧な聞き方になります。

例文 "Here comes the bus." "Do you happen to know if it stops at the library?"（「バスが来ましたよ」「図書館に止まるかどうか、もしかしてご存じですか？」）

243 ② off the top of one's head **C**
ぱっと思い付く、すぐ思い出す、すぐにわかる

解説 「頭のてっぺんからすぐ出る」ということから、「ぱっと思い付きで」「すぐに思い出せる範囲で」という意味になります。何かを聞かれてすぐに答えられないとき、Not off the top of my head.（すぐにはわからないな）は便利な応答表現です。また、ぱっと浮かんだアイデアを披露するとき、It's just off the top of my head, but ...（ちょっとした思い付きなんだけど…）のように切り出すこともできます。

例文 "Do you know your passport number?" "No, not off the top of my head."（「パスポート番号はわかりますか？」「いえ、今すぐにはわかりません」）

244 ③ figure out **N** 計算して〜の答えを出す、〜を考える、〜を理解する

解説 figure out の大本の意味は「計算して答えを出す」ですが、「計算」に限らず、「（論理的に考えて）答えを出す」「（綿密に考えて）理解する」という意味でもよく使われます。何か難しいことの解決方法がやっとわかったとき、Oh, I figured it out!（あ、わかった！　なるほどね！）と言ったりします。

例文 "How old was your father when you were born?" "Um, let me figure it out."（「あなたが生まれたとき、お父さんはいくつでしたか？」「うーん、計算させてください」）

Ⓒ **Colloquial** カジュアルな口語表現。会話で使います。
Ⓝ **Neutral** ニュートラルな表現。会話、文章で使います。
Ⓟ **Polite** 丁寧な表現。フォーマルな会話、文書で使います。

◀ 245 ④ help ~ out Ⓝ ～を手伝う、～に手を貸す

解説 I'll help you. でも、I'll help you out. でも、「相手を助ける」ということに変わりはありませんが、help 人 out は out（外へ）が加わることで、「（人）を（困難／苦境から）助け出す」というニュアンスが出ます。「困難／苦境」というとちょっと深刻な感じですが、相手が今直面している「一時的な問題」から助けてあげる、つまり、「手伝う、手を貸す」くらいの意味で使われることが多い表現です。

例文 "I have to spring-clean the house." "I'll help you out." （「春の大掃除をしなくちゃ」「手伝ってあげる」）

◀ 246 ⑤ the bottom line Ⓝ 要点、肝心な点、最重要事項

解説 the bottom line とは企業の損益計算書の最下行のことで、企業にとって最も重要な数字です。The bottom line is ... は「最終的に肝心なのは…、要するに…」のように結論を導く表現です。また、結論的なことを言った後に That's the bottom line.（それが肝心な点だ）と加えることもよくあります。例：We have to make money. That's the bottom line.（利益を出さなければいけない。それが肝心な点だ）。

例文 "Will you have time for a meeting tomorrow morning or not?" "The bottom line is I have to be at the airport by 10 a.m." （「明朝、会議をする時間はありますか?」「要は、午前10時までには空港に着いていなきゃいけないんです」）

◀ 247 ⑥ (be) in the red Ⓝ 赤字である

解説 「赤字、黒字」は、英語でも the red、the black と表現します。Last fiscal year, we ended up in the red/black. で、「先の年度末決算は赤字／黒字だった」となります。How can we get out of the red?（赤字状態をどう脱却する?）、We'd like to stay in the black next year.（来年も黒字を維持したい）のようにも使います。

例文 "Do you know why John lost his job?" "His company was in the red." （「どうしてジョンが失業したかご存じですか?」「彼の会社が赤字だったんです」）

会議・打ち合わせ

◀ 248 ⑦ Fair enough. **C**
わかりました。それなら納得です。それで結構です。

解説 この表現は、fair＝「公平な」に引きずられて考えると意味を見誤る場合があります。必ずしも「十分公平だね」、「まあ、それが妥当だね」という意味ではなく、OK. に近い感じ、つまり、「了解」「まあそれでいいでしょう」くらいの意味で使われることも多いからです。文脈で判断しましょう。

例文 "She couldn't stay any longer because she was meeting a client." "Fair enough."（「クライアントに会うので、彼女はそれ以上長くいられなかったんです」「それなら納得です」）

◀ 249 ⑧ leave it to ~ **N** ～に任せる

解説 leave it to ~ は「～の元にそれを残す」、つまり「～に任せる」ということです。「私に任せて」であれば Just leave it to me.、「彼に任せておこう」であれば、Let's leave it to him.、「後は天に任せよう」であれば、Leave the rest to God. となります。ちなみに Just leave it here. なら「それはここに置いていって」という意味です。

例文 "I don't know what to do with this." "Leave it to me, I'll take care of it."（「これ、どうしたらいいかわからないんですが」「私に任せてください、やっておきます」）

TASK 2 Write down! 解答

① (do) (you) (happen) (to) (know)
② not (off) the (top) (of) my (head)
③ (figure) it (out)
④ (I'll) (help) (you) (out)
⑤ (The) (bottom) (line) is
⑥ (in) (the) (red)
⑦ (Fair) (enough)
⑧ (leave) (it) (to) (me)

③ 結論を述べる

TASK 4 Review Quizzes 復習問題

最後に2種類の復習問題に挑戦し、学習を締めくくろう。

1. クイックレスポンス 🔊 250-253

音声に収録されている①〜④の文に続けて、応答になり得るセンテンスを A)-D) から選び、口頭で読み上げよう。

（解答がチャイム音に続けて読まれます。解答の後のポーズで自分でも言ってみましょう。解答とトランスクリプション → p.138）

① _____ ② _____ ③ _____ ④ _____

A) Sounds like a lot of work. I'll help you out if you like.

B) Give them to me. Maybe I can figure them out.

C) I'll leave it to you to decide.

D) Fair enough. Let's put on some different music.

2. 和文英訳

⑤〜⑧の日本語に合うよう、英文の下線部に英語を入れよう。（解答 → p.138。正解の英文は音声も聞いて確認し、ポーズの部分で音読やリピーティングをしましょう）

⑤ このグループの責任者は誰か、もしかしてご存じですか？

_____ who is in charge of the group?

⑥「これを誰が書いたか教えてくれますか？」
　「今すぐにはわかりません、調べてみますね」

"Can you tell me who wrote this?"

"_____ . Let me look it up."

⑦ 要するに、わが社の経営は傾いている。

_____ is we're losing money.

⑧ 今月はわが社が初めて赤字ではなかった月だ。

This is the first month that we haven't been _____ .

会
議
・
打
ち
合
わ
せ

(TASK **4** **Review Quizzes** 解答)

1. クイックレスポンス

① **C)**

(🔊 250) Where do you want to go for lunch? — I'll leave it to you to decide.

お昼はどこに行きたい?──決めるのはあなたに任せるわ。

② **B)**

(🔊 251) These instructions don't make any sense. — Give them to me. Maybe I can figure them out.

この指示がさっぱりわかりません。──貸してみて。私にはわかるかも。

③ **A)**

(🔊 252) I have to move house this weekend. — Sounds like a lot of work. I'll help you out if you like.

今週末に引っ越さなければなりません。──大変そうですね。よろしければお手伝いしますよ。

④ **D)**

(🔊 253) I don't want to listen to the blues. — Fair enough. Let's put on some different music.

ブルースは聞きたくないな。──わかった。違う音楽をかけましょう。

2. 和文英訳

⑤ (🔊 254) Do you happen to know who is in charge of the group?

⑥ (🔊 255) "Can you tell me who wrote this?"
"Not off the top of my head. Let me look it up."

⑦ (🔊 256) The bottom line is we're losing money.

⑧ (🔊 257) This is the first month that we haven't been in the red.

③
結
論
を
述
べ
る

UNIT 14　会議・打ち合わせ　④問題を明らかにする

「直ちに取り掛かりましょう」

定例の役員会議では、長期的な問題を話し合っています。アジア全域を担当するメイリン・ワンが、域内の状況について問題提起をしています。ほかの役員たちは問題はないと言いますが、どうも大きな問題から目をそらしている様子。

TASK 1　Listen! まずは聞いてみよう　🔊 258-260

まずはこれから学習するフレーズを含んだ会話例を聞いてみよう。下記のポイントを聞き取るつもりで、集中して挑もう。(解答例➡ p.141 下)

Point 1 メイリン・ワンは今日、何について話し合いたい？ _____

Point 2 タイに工場を設立する際、洪水を計算に入れなかったのはなぜ？ __

Point 3 3人はこれから何に取り組む？ _____

(TASK **2**) **Write down! 書き取ろう**

トランスクリプションを確認しながら、もう一度会話を聞こう。下線部はTASK1
のカギとなる部分です。また、フレーズ部分を聞き取って、空欄を埋めてみよう。
（解答➡ p.144）

Scene 1　Mei Ling Wang: Today, I'd like to ① (d　　　) (w　　　) the
🔊 258　　　distribution problems in Asia.

　　　David Chang: At the moment there are no problems.

　　　M: Oh, is everything OK now?

　　　Greg Jones: Yes, but every year the floods seem to be
　　　　getting worse.

　　　M: ② (L　　　) (f　　　) (i　　), we didn't think about this
　　　　when we set up factories there.

Scene 2　G: ③ (A　　) (f　　) (a　　) I'm (c　　　　　　), these floods
🔊 259　　　are only going to get worse in the long run.

　　　M: ④ I (c　　　　　) (a　　　　　) (m　　　).

　　　D: Why didn't anyone ⑤ (t　　　) this (i　　　)
　　　　(a　　　　　) before we opened the factories?

　　　M: Well, the recent floods in Thailand were ⑥ (th　　)
　　　　(w　　　) (i　　) over 50 years.

Scene 1　G: So I guess people were ⑦ (t　　ing) the good weather
🔊 260　　　(f　　) (g　　　　　).

　　　M: Anyway, let's put aside why our distribution's a
　　　　headache, and get to work on trying to fix it.

　　　D: ⑧ I (d　　　) (h　　　) a (p　　　　) (w　　) (th　　).

　　　M: Now, what can we do that will make a difference?

会話の訳

Scene 1 メイリン・ワン：今日はアジアでの流通上の問題を取り扱いたいと思います。

デービッド・チャン：今のところ問題はありません。

メ：あら、今はすべて問題ないと？

グレッグ・ジョーンズ：ええ、でも毎年洪水はひどくなっているようですね。

メ：率直に認めましょう、あの地域に工場を作ったときには、この問題について考えなかったんですよね。

Scene 2 グ：私の意見では、長期的に見てこの洪水はどんどんひどくなるばかりでしょう。

メ：まったく同感です。

デ：工場を設立したとき、なぜ誰もこれを計算に入れなかったのですか？

メ：まあ、タイの最近の洪水はこの50年以上で最悪でしたからね。

Scene 3 グ：つまり、みんなが好天を当たり前だと思っていたということなんでしょう。

メ：とにかく、流通が悩みの種である理由は横に置いて、それを解決することに取り掛かりましょうよ。

デ：異論ありません。

メ：では、状況を改善するために今私たちにできることは？

TASK 1 Listen! 解答例

Point 1 アジアでの流通上の問題。

Point 2 大きな洪水は50年以上なかったし、好天を当たり前に考えていたから。

Point 3 状況を改善するためにできることを話し合う。

TASK 3 Check & Read Aloud! 確認と音読

TASK2で書き取ったフレーズに関する知識を深めよう。さらに音声に収録されている例文を聞き、ポーズのところで音読してみよう。慣れてきたら文字を見ずに、聞こえてきた音声をまねて言ってみよう。

261 ① deal with ~ Ⓝ
～を取り扱う、～に取り組む、～を処理する、～に対応する

解説 deal with ~ は「取り上げる」、「取り組む」、「処理する」、「対応する」などさまざまな訳語が当てられます。会話例では「取り扱う、論じる」ですが、How can we deal with this situation?(この状況にどう対処しよう?)なら「取り組む、対処する」ですし、Big corporations often deal directly with manufacturers.（大企業はしばしば直接メーカーと取引をする）なら「取引をする、ビジネスをする」です。

例文 "Here comes that angry customer." "OK, let me deal with it."（「お怒りの様子のお客さまが来たわ」「わかった、僕が対応するよ」）

262 ② Let's face it. Ⓒ **率直に認めよう。現実を見よう。**

解説 face は「直面する、直視する」という動詞。Let's face it. とすると、「それを正面から見よう」、つまり「率直に認めよう」(= Let's be honest.)、「現実をしっかり見よう」(= Let's face the reality.)という意味になります。現実は現実として素直に認めて、次にどうするか考えようという、前向きなフレーズです。

例文 "If I sent him an e-mail now, he might reply this afternoon." "Let's face it— he never answers e-mails quickly."（「今彼にメールすれば、午後には返信してくれるかも」「現実的に考えようよ──彼は絶対にすぐにはメールを返さないよ」）

263 ③ as far as I'm concerned Ⓝ
私の知る限りでは、私の意見では

解説 自分の意見を述べるときに使うフレーズです。これとほとんど同じ意味で as far as I see it(私の見る限りでは、私が推測するところでは)という表現もあります。

例文 "Some people don't like the new building." "It's perfect, as far as I'm concerned."（「この新しいビルが嫌いな人もいるわね」「完璧だけどね、僕の意見では」）

© **Colloquial** カジュアルな口語表現。会話で使います。
Ⓝ **Neutral** ニュートラルな表現。会話、文章で使います。
Ⓟ **Polite** 丁寧な表現。フォーマルな会話、文書で使います。

🔊 264 ④ I couldn't agree more. © まったく同感です。大賛成です。

解説 I couldn't agree more. は「これ以上同意しようとしてもできない」＝「まったく同感、大賛成」ということ。逆に「絶対反対」は I couldn't agree less. です。同じような構造のフレーズに、I couldn't care less.（まったく構わない、どうでもいい）があります。

例文 "I think we should take a break now." "I couldn't agree more."（「そろそろ休憩した方がいいと思う」「まったく同感だね」）

🔊 265 ⑤ take ~ into account Ⓝ ～を考慮する、～を勘定に入れる

解説 この account は「計算、勘定」のことで、take ~ into account は「～を計算に入れる」、すなわち、「～を考慮する、～を勘定に入れる」という意味になります。「考慮すべきこと」は～の部分に入れるか、take into account (the fact) that に続けて置きます。take account of ~ でも同じ意味になります。例：We must take account of the exchange rate risk when investing in foreign bonds.（外国債に投資する際には為替リスクも考慮すべきだ）。

例文 "I think these shipping costs are too high." "But you have to take into account the fact that the goods are very heavy."（「送料が高過ぎると思います」「しかし、商品がとても重いということを考慮に入れなければなりません」）

🔊 266 ⑥ the worst in X years Ⓝ ここ X 年で最悪、X 年ぶりの悪さ

解説 in 以下には、10 years、6 months、3 weeks など、期間を示す表現が入り、「過去～の期間で最悪の」ということを示します。例：The Tohoku earthquake was the worst in over 1,000 years.（東北大震災は過去 1000 年以上で最悪の地震だった）。the worst の部分には、ほかの形容詞の最上級を入れることもできます。例：It was the hottest summer in the past 30 years.（この 30 年で一番暑い夏だった）。

例文 "It's really cold this winter, isn't it?" "Yes, it's the worst in 10 years."（「この冬は本当に寒いですね」「ええ、この 10 年で一番ひどい寒さですね」）

会議・打ち合わせ

🔊267 ⑦ take ~ for granted Ⓝ
〜を当然のこととして扱う、〜が当たり前だと思う

解説 何かを当たり前のこととして扱い、その価値や存在を軽視してしまうことを、take ~ for grantedと言います。例えば、You should never take her kindness for granted.（彼女の優しさを当たり前なんて絶対思っちゃダメだよ）という具合です。形式主語のitを使って、take it for granted that ... という形にすることもできます。例：I took it for granted that he would always be there for me.（私は、彼が当然いつもそばにいてくれるものと思っていた）。

例文 "I'm surprised that Jose was so angry." "I suppose people were taking his hard work for granted."（「ホセがあんなに怒るなんて驚きだった」「みんなが彼のハードワークを当然だと思っていたからね」）

🔊268 ⑧ I don't have a problem with that. Ⓝ
異論ありません。それで結構です。

解説 「私としては特に問題ありません」、つまり、「私はそれで結構ですよ」「異論ありません」という感じのフレーズです。ちょっと注意したいのは、「異論はありませんか？」と聞きたいときに、Do you have a problem with that? と言ってしまうと、「何か文句でもある？」という、けんか腰の表現になってしまうことです。Are you OK with that?（それでいいですか？）のような表現を使うといいでしょう。

例文 "It will be very early, but let's meet at 7:45 on Friday morning." "I don't have a problem with that."（「とても早くなりますが、金曜の朝、7時45分にお会いしましょうよ」「それで結構ですよ」）

TASK 2 Write down! 解答

① (deal) (with)
② (Let's) (face) (it)
③ (As) (far) (as) I'm (concerned)
④ I (couldn't) (agree) (more)
⑤ (take) this (into) (account)
⑥ (the) (worst) (in) over 50 years
⑦ (taking) the good weather (for) (granted)
⑧ I (don't) (have) a (problem) (with) (that)

④ 問題を明らかにする

TASK 4 Review Quizzes 復習問題

最後に2種類の復習問題に挑戦し、学習を締めくくろう。

1. クイックレスポンス 🔊 269-272

音声に収録されている①〜④の文に続けて、応答になり得るセンテンスをA)-D)から選び、口頭で読み上げよう。

（解答がチャイム音に続けて読まれます。解答の後のポーズで自分でも言ってみましょう。解答とトランスクリプション➡ p.146）

① _____ ② _____ ③ _____ ④ _____

A) I couldn't agree more. Let's get out of here.
B) I don't have a problem with that.
C) It was the worst in over 20 years.
D) Don't take his help for granted. He's just being nice.

2. 和文英訳

⑤〜⑧の日本語に合うよう、英文の下線部に英語を入れよう。（解答➡ p.146。正解の英文は音声も聞いて確認し、ポーズの部分で音読やリピーティングをしましょう）

⑤ この注文を今日すべて処理することはできないわ。

I can't _____ all of these orders today.

⑥ 現実を直視しよう。ここの賃料はあまりにも高過ぎる。

_____ . The rent is just too expensive here.

⑦ 私に言わせれば、われわれは手に入る中で一番の製品を作っています。

_____ , we're making the best product available.

⑧ これについてはジョンのアイデアを考慮しないといけないよ。

You need to _____ John's ideas _____ here.

TASK 4 **Review Quizzes** 解答

1. クイックレスポンス

① D)

🔊 269 Eric tries to be helpful, but he's driving me crazy. — Don't take his help for granted. He's just being nice.

エリックは力になろうとしてくれるんだけど、イライラさせられるのよね。——彼の助けを当たり前に思っちゃダメだよ。親切にしてくれてるだけなんだから。

② C)

🔊 270 How bad was the storm last week? — It was the worst in over 20 years.

先週の嵐はどれくらいひどかったの?——ここ20年以上で最悪だったんだ。

③ B)

🔊 271 I think we should get up early for our trip tomorrow. — I don't have a problem with that.

明日の旅行に備えて早起きしないとね。——それで異論ないよ。

④ A)

🔊 272 This place is way too crowded. — I couldn't agree more. Let's get out of here.

ここは人が多過ぎるわ。——まったく同感だね。ここを出ようよ。

2. 和文英訳

⑤ 🔊 273 I can't deal with all of these orders today.

⑥ 🔊 274 Let's face it. The rent is just too expensive here.

⑦ 🔊 275 As far as I'm concerned, we're making the best product available.

⑧ 🔊 276 You need to take John's ideas into account here.

UNIT 15　会議・打ち合わせ　　⑤見方を変える

「明るい面に目を向けようよ」

アツシが気になる情報を持って来ました。天河社（Tianhe）が彼らの会社
を買収するというのです。ケイティー、ポールは今後のことが不安そうです
が、アツシ自身は意外に前向きな様子です。

TASK 1　Listen!　まずは聞いてみよう　　🔊 277-279

まずはこれから学習するフレーズを含んだ会話例を聞いてみよう。下記のポイ
ントを聞き取るつもりで、集中して挑もう。（解答例➡ p.149下）

Point 1 ケイティーは自分の会社はどこに買収されると思っていた？ _____

Point 2 天河社が興味を持っているのは、どんな市場？ _____

Point 3 天河社は何を扱う会社？ _____

会議・打ち合わせ

TASK **2** **Write down!** 書き取ろう

トランスクリプションを確認しながら、もう一度会話を聞こう。下線部は TASK1
のカギとなる部分です。また、フレーズ部分を聞き取って、空欄を埋めてみよう。
（解答➡ p.152）

Scene 1 Atsushi: Tianhe is going to ① (t   ) us (o   ).

◀ 277   Katy: You're kidding. I thought Yinhe was ① (t   ing)
us (o   ).

A: The management ② (t   ed) (d   ) their offer at
the last minute.

K: ③ (A   ) (a   ) (th   ) (y   )? No way.

Scene 2 Paul: ④ I (d   ) (g   ) (i   ). Tianhe already owns a

◀ 278   sales company in Japan, so there's no point in buying
us. What are they aiming at?

A: The rumor is that Tianhe's going to get the two
companies together to cover a wider market. They're
particularly interested in ⑤ (t   ing) (i   ) the
senior market.

K: I don't think that will work out.

Scene 3 A: Well, we should try to ⑥ (l   ) (o   ) (th   )

◀ 279   (b   ) (s   ). Tianhe is the biggest food maker
in China. At least they probably won't ⑦ (l   ) us
(o   ).

K: How can you be so sure?

A: I can't. ⑧ (I   ) (j   ) (g   ).

⑤見方を変える

会話の訳

Scene 1 アツシ：天河社（ティエンフ）がこの会社を買収する。

ケイティー：うそ。銀河社（インフ）がこの会社を買収すると思ってた。

ア：経営陣が土壇場でオファーを断ったんだ。

ケ：いまさら？　勘弁してよ。

Scene 2 ポール：どうもわからないな。天河社はもう日本に販売会社を持ってるんだから、うちを買収する意味なんてないのに。何が狙いなんだろう？

ア：うわさでは、天河社はこの2社を合併させてもっと広い市場をカバーしようとしてるらしいよ。特にシニア市場へ進出することに関心があるとか。

ケ：うまくいくとは思えないけど。

Scene 3 ア：まあ、明るい面に目を向けるようにしようよ。天河社は中国で一番の食品メーカーなんだ。少なくとも僕たちを解雇したりはしないだろ。

ケ：なんで確信できるの？

ア：確信はないよ。単なる推測さ。

TASK 1 **Listen! 解答例**

Point 1 銀河社。

Point 2 シニア市場。

Point 3 食品。

TASK 3 Check & Read Aloud! 確認と音読

TASK2で書き取ったフレーズに関する知識を深めよう。さらに音声に収録されている例文を聞き、ポーズのところで音読してみよう。慣れてきたら文字を見ずに、聞こえてきた音声をまねて言ってみよう。

◀ 280 ① take over ~ Ⓝ ～を買収する、～を吸収合併する

解説 take over は「～を乗っ取る」などたくさんの意味を持つ句動詞です。例えば I'll take over from here.（ここからは私が引き継ぐよ）では「引き継ぐ」ですが、会話例では「支配権を握る」＝「買収する」という意味で使われています。M&A、すなわち merger and acquisition（合併と買収）と同義ですが、take over は、相手方企業の事業を完全に引き継ぐ、という感覚があります。

例文 A Russian firm has taken over an Angolan gas company.（ロシアの会社がアンゴラのガス会社を買収した）

◀ 281 ② turn down ~ Ⓝ ～を断る、～を辞退する、～を拒絶する

解説 turn down ~ は、reject と同じ意味で、「断る」、「却下する」。例えば、I was turned down by the company after the interview.（その会社には面接の後、落とされたよ）のように使います。turn down ~ にはほかに「（出力・音量）を下げる」という意味もあります。例：Could you turn down the air conditioner?（エアコンを弱くしてもらえませんか?）。

例文 I was busy, so I turned down her dinner invitation.（忙しかったので彼女の夕食の誘いを断りました）

◀ 282 ③ after all these years Ⓒ 何年も費やした揚げ句、いまさら、今になって、数年ぶりに、ようやく

解説 after all these years は「何年も時間を費やした揚げ句」＝「いまさら、いまだに」という意味。ただ、文脈によっては「何年も時間を積み重ねた結果」＝「ついに、ようやく」という意味にもなります。例：It's finally taking shape after all these years.（長年の努力の結果、ようやく形になりつつある）。

例文 I can't believe he left his job after all these years.（彼はあれだけ長く勤めていたのに、今になって仕事を辞めたなんて信じられない）

> Ⓒ **Colloquial** カジュアルな口語表現。会話で使います。
> Ⓝ **Neutral** ニュートラルな表現。会話、文章で使います。
> Ⓟ **Polite** 丁寧な表現。フォーマルな会話、文書で使います。

🔊283 ④ I don't get it. Ⓒ 納得できない。どうもわからない。

解説 get には「わかる、了解する」という意味もあり、ネイティブスピーカーの会話には、I got it.（わかったよ）、Did you get it?、Got it?（わかった?）のように頻出します。I don't get it. は「わからない」で、I don't understand.（理解できない）と違い、「どうもわからない」、「納得できない」、「腑に落ちない」というニュアンスがあります。

例文 Why don't you like chocolate? I don't get it. （どうしてチョコレートが嫌いなの？　わかんないなぁ）

🔊284 ⑤ tap into ~ Ⓝ
　　～を利用する、～を活用する、～を開発する、～に進出する

解説 tap は名詞で「蛇口」ですが、動詞の tap は、その「蛇口」を取り付けて栓をひねり、中の液体をじゃーっと出す、というイメージです。そこから考えると、tap (into) ~ の持つ「（資源や能力、アイデアなど）を引き出す、活用する」という意味も理解しやすいでしょう。また、「～から利益を引っ張る道を開く」、すなわち、「～を開拓する、～に進出する」という意味でも使われます。例：They launched a new brand to tap (into) the youth market.（彼らは若者向け市場に進出するため新ブランドを立ち上げた）。

例文 We want to tap into our customers' opinions. （当社は顧客の意見を活用したい）

🔊285 ⑥ look on the bright side Ⓝ
　　良い面に目を向ける、良い方に解釈する

解説 「明るい面を見る」、すなわち、「良い面を見る」「良い方に解釈する」「楽観的に考える」という表現です。要するに、be optimistic（楽観的でいる）ということ。Try to look on the bright side.（良い面に目を向けなよ）は、「苦しいときでも明るい面に目を向けて、前向きでいよう」という応援の言葉になります。

例文 Sorry you broke your cellphone. But look on the bright side, now you can get a new one. （携帯電話を壊しちゃったのは残念だね。でも、良い方に解釈すれば、新しい携帯を手に入れられるっていうことだよ）

◀286 ⑦ lay off ~ **N** 〜を解雇する

解説 lay off は「会社側の都合で解雇する」という意味です。例：Most of the employees were laid off.（ほとんどの従業員が解雇された）。これに対して fire は「従業員側に非があって解雇する」ということです。ですから、同じ「クビになった」でも、I got fired. より、I was laid off. の方が格好がつくわけです。

例文 That company laid off five employees last week.（先週、あの会社は5人の社員を解雇した）

◀287 ⑧ I'm just guessing. **C**
単なる推測です。当て推量をしているだけです。

解説 guess は「推測する、想像する」ですから、I'm just guessing. は「単なる推測だけどね」とか「当てずっぽうで言ってるだけ」という意味になります。ただ、ビジネスの世界では guess に頼ることはタブー。必ず事実やデータに基づいて判断するべき、ということで、Never guess, always confirm.（臆測で動かないで、必ず確認すること）のような表現をよく耳にします。

例文 "How do you know he's from Brazil?" "I don't. I'm just guessing."（「彼がブラジル出身だって、どうしてわかるんですか？」「わかりません。単なる推測です」）

TASK2 Write down! 解答

① (take) us (over) ／ (taking) us (over)
② (turned) (down)
③ (After) (all) (these) (years)
④ I (don't) (get) (it)
⑤ (tapping) (into)
⑥ (look) (on) (the) (bright) (side)
⑦ (lay) us (off)
⑧ (I'm) (just) (guessing)

TASK 4 | Review Quizzes 復習問題

最後に2種類の復習問題に挑戦し、学習を締めくくろう。

1. クイックレスポンス 🔊 288-291

音声に収録されている①〜④の文に続けて、応答になり得るセンテンスを A)-D) から選び、口頭で読み上げよう。

（解答がチャイム音に続けて読まれます。解答の後のポーズで自分でも言ってみましょう。解答とトランスクリプション ➡ p.154）

① ＿＿＿＿＿＿＿　② ＿＿＿＿＿＿＿　③ ＿＿＿＿＿＿＿　④ ＿＿＿＿＿＿＿

A) I don't know. I'm just guessing.
B) Because DEF announced it's going to take it over.
C) Wow! After all these years. I'm surprised.
D) Look on the bright side. You have less space to clean.

2. 和文英訳

⑤〜⑧の日本語に合うよう、英文の下線部に英語を入れよう。（解答 ➡ p.154。正解の英文は音声も聞いて確認し、ポーズの部分で音読やリピーティングをしましょう）

⑤ 私は昇進を断った。私には必要なかったから。

I ＿＿＿＿＿＿＿＿＿ the promotion because I didn't need it.

⑥ われわれは、違う市場に進出したいと思っている。

We're hoping to ＿＿＿＿＿＿＿＿＿ a different market.

⑦ その会社は誰も解雇しないと約束した。

The company promised they would not ＿＿＿＿ anyone ＿＿＿＿ .

⑧ どうもわかんないなあ。なんで彼女あんなに怒ったんだろう？

I ＿＿＿＿＿＿＿＿＿ . Why did she get so angry?

会議・打ち合わせ

TASK **4** Review Quizzes 解答

1. クイックレスポンス

① C)

🔊 288 Have you heard that Judy is leaving her job? — Wow! After all these years. I'm surprised.

ジュディーが退職するって聞いた?——ええ!　長年勤めていたのに。驚いたわ。

② D)

🔊 289 This desk is way too small. — Look on the bright side. You have less space to clean.

この机、あまりにも小さ過ぎるんだ。——良い面に目を向けなさいよ。掃除するスペースが少なくて済むわ。

③ A)

🔊 290 Are you saying Bill is going to fire her? — I don't know. I'm just guessing.

つまり、ビルは彼女をクビにするってこと?——わからないわ。ただの推測よ。

④ B)

🔊 291 Why is ABC's stock rising? — Because DEF announced it's going to take it over.

なんでABC社の株価は上がってるの?—— DEFがABCを買収すると発表したからよ。

2. 和文英訳

⑤ 🔊 292 I turned down the promotion because I didn't need it.

⑥ 🔊 293 We're hoping to tap into a different market.

⑦ 🔊 294 The company promised they would not lay anyone off.

⑧ 🔊 295 I don't get it. Why did she get so angry?

⑤ 見方を変える

力試し問題
Definition Quiz 3
英英定義

この PART で学んだフレーズの意味を英語で説明した「英英定義」のクイズに挑戦してみましょう。音声に収録されている、英語による「フレーズ定義」を聞き、それがどのフレーズの定義なのかを答えてください。解答フレーズはチャイム音に続けて読まれます。(解答とトランスクリプション➡ p.156)

🔊 296

① _____

② _____

③ _____

④ _____

⑤ _____

🔊 297

⑥ _____

⑦ _____

⑧ _____

⑨ _____

⑩ _____

🔊 298

⑪ _____

⑫ _____

⑬ _____

⑭ _____

⑮ _____

🔊 299

⑯ _____

⑰ _____

⑱ _____

⑲ _____

⑳ _____

Answers

トランスクリプションと訳を確認しましょう。わからなかった問題は括弧内の
ページに戻って、フレーズの意味をもう一度確認するようにしましょう。

🔊 296

① If there is something that you should do because you've planned
to do it, or you've been told to do it, then you're supposed to
do it. (➡ p.118)

することを計画していたり、するように言われたりしたために、しなければいけないこ
とがあれば、あなたはそれを (be) supposed to do (することになっている) とい
うことです。

② If someone says something that is not quite right but the details
are not important, you can say, "Something like that." (➡ p.118)

誰かが完全に正しくはないことを言っているが、詳細は大切ではないとき、
Something like that. (そんなところです) と言えます。

③ If you want someone to explain their opinion in more detail,
you can ask, "In what way?" (➡ p.119)

その人の意見をもっと詳しく説明してほしいときは、In what way? (どういう意味
で?) と尋ねることができます。

④ If you make a formal request to buy something, you place an
order. (➡ p.119)

何かを購入するための正式な要請をするとき、あなたは place an order (注文す
る) します。

⑤ When you want to announce that there is nothing more to do,
you can say, "I'm done here." (➡ p.126)

もうすることが何もないと知らせたいとき、I'm done here. (これで終わり) と言え
ます。

◀ 297

⑥ If you do not agree with someone, you can say, "I don't buy that."　　　　　　　　　　　　　　　　　　　　（➡ p.127）

誰かの意見に賛成できないとき、I don't buy that.（私はそうは思わない）と言えます。

⑦ When you create something or think of a new idea, you come up with it.　　　　　　　　　　　　　　　　　　（➡ p.127）

何かを生み出したり、新しいアイデアを考え付いたりするとき、あなたはそれを come up with（思い付く）します。

⑧ When you want to think about something before making a decision, you can say, "Let me sleep on it."　　（➡ p.128）

何かについて決断する前に考えたいとき、あなたは Let me sleep on it.（一晩考えさせて）と言えます。

⑨ If you want some information, you can ask someone who you think may know, by saying, "Do you happen to know ~?"

（➡ p.134）

何か情報が欲しいとき、Do you happen to know ~?（もしかして～をご存じですか?）と言って、それを知っていそうな人に尋ねることができます。

⑩ When you guess an answer without careful thought or any investigation, it's off the top of your head.　　（➡ p.134）

慎重に考えたり調べたりせずにあなたが答えを推測するとき、それは off the top of your head（ぱっと思い付きで）ということです。

◀ 298

⑪ When you want to tell someone the most important thing, you can start by saying, "The bottom line is ...."　　（➡ p.135）

最も大切なことを伝えたいとき、The bottom line is ...（要するに…）と切り出せます。

⑫ If a company is losing money, it is in the red.　　（➡ p.135）

会社が損失を出しているとき、その会社は (be) in the red（赤字である）です。

会議・打ち合わせ

⑬ If you want to talk about something in an honest way, you can say, "Let's face it." (→ p.142)

何かを素直に話し合いたいとき、Let's face it.（率直に認めよう）と言えます。

⑭ You can show that you are giving your own opinion, by saying, "as far as I'm concerned." (→ p.142)

as far as I'm concerned（私の意見では）と言うことで、あなたは自分の意見を述べていることを表明できます。

⑮ If you want to tell someone that you agree with them completely, you can say, "I couldn't agree more." (→ p.143)

誰かに完全に賛成であると伝えたいとき、I couldn't agree more.（まったく同感です）と言えます。

◀ 299

⑯ When you consider the effect that something has on a situation, you take it into account. (→ p.143)

何かがある状況に与える影響を考慮するとき、あなたはそれを take into account（考慮する）します。

⑰ When you buy a business and take control of it, you take it over. (→ p.150)

企業を買収して支配権を握ると、それを take over（買収する）ことになります。

⑱ When you don't understand the reason for something, you can say, "I don't get it." (→ p.151)

何かの理由が理解できないとき、I don't get it.（納得できない）と言えます。

⑲ When you start to use something that is available, a supply of energy or an ability, you tap into it. (→ p.151)

何か手に入るもの、エネルギー供給や能力を利用し始めると、それを tap into（利用する、活用する）することになります。

⑳ When you want to tell someone to notice good things instead of bad things, you can say, "Look on the bright side." (→ p.151)

誰かに悪いことではなく良いことに気付くよう伝えたいとき、Look on the bright side.（良い方に解釈しなさい）と言えます。

力試し問題
Listening Challenge 3
長文リスニング

PART3の総仕上げとして、少し難しいリスニング問題に挑戦してみましょう。ここで聞く長めのモノローグには、このPARTで学んだフレーズが随所にちりばめられています。これらのフレーズは、これまでのTASKを通じて、すでに皆さんの耳と脳にしっかり定着していますから、スピードが速いモノローグの中でも、くっきり浮かび上がって聞こえることでしょう。そうした「お得意フレーズ」を手がかりに、問題を解いてみてください。（トランスクリプション➡ p.160、解答➡ p.162）

🔊 300

① What problem is this letter mainly about?
   ⓐ Several local businesses are failing.
   ⓑ Traffic is bad in the city center.
   ⓒ The streets are less crowded.

② Why is the writer opposed to the idea of building a subway?
   ⓐ Because it is expensive.
   ⓑ Because it will hurt local employment.
   ⓒ Because it will be inconvenient to use.

③ What plan does the writer support?
   ⓐ Creating wider roads
   ⓑ Raising taxes for drivers
   ⓒ Building a light train system

トランスクリプションを確認しましょう。オレンジ色の網掛け部分がPART 3で学んだフレーズ、下線部が設問の解答につながる箇所です。

A Letter to the Editor

🔊 300

As far as I'm concerned, it is time for a change in our city government. The subway issue proves that our leaders **take the city's people for granted**, and they will continue to go right ahead and do whatever they want. That is not a democracy. And it's not good business.

Let's face it, everyone agrees that this city has a traffic problem. **I couldn't agree more.** Traffic jams can last for hours in the morning, and parking prices are rising. Plus, the buses, subways and trains we have are already too full during rush hour. We have to **deal with** the situation.

Most people realize that there is a limit to the number of cars the city can hold. It's that simple. Cars have already **taken over** the downtown area. And even though crews **are still working on** making wider highways, it will never be enough. When you make more space for cars, more people will drive. If we have fast and less-crowded trains into the downtown area, more people will take trains. Fewer people will drive. Easy.

Rob Forbes says, we need more subways. **Fair enough.** It sounds like a good idea. But there are many problems that he refuses to **take into account**. And you don't have to **take my word for it** — there have been several studies. Experts say that the underground work will be much, much more expensive, and cause local businesses to lose customers. Not only that, but building a subway will take longer.

A "light train system," on the other hand, traveling above ground, will be cheaper, easier to build, and will cause less trouble for local communities. It is the best plan that anyone has **come up with**. Most people seem happy with the idea. So why is the government **turning down** the plan? **I don't get it. Aren't they supposed to do** what is best for the city?

Forbes says that people want subways. **I don't buy that.** People want improvements. Most people don't care if they take a train or a subway to work, they just want it to be convenient. But if subways will cost us tax dollars, cause business to lose money, and take more time, then the answer should be obvious. **The bottom line** is that we need a new light train system. And if Rob Forbes can't **figure it out,** maybe we need a new leader.

Translation　訳とクイズの答えを確認しましょう。

投書

　私としては、わが市の支庁は変化の時を迎えていると思います。地下鉄の問題はわがリーダーたちが市民の存在を当然視していることを証明していますし、彼らはどんどん好き勝手なことを続けるつもりでしょう。それは民主政治ではありません。そしてビジネスとしてもよくありません。

　率直に認めましょう、この街の交通に問題があることは、誰もが同意するところです。私もまったく同感です。午前中は交通渋滞が何時間も続くし、駐車料金は上昇しています。そのうえ、この街のバス、地下鉄、列車は、ラッシュ時にはすでに超満員です。この状況に対処しなければなりません。

　街が保持できる自動車の数には限界があることを、多くの人々が実感しています。ただそれだけのことです。自動車はすでに町の中心地を乗っ取っています。作業員たちはより広いハイウエー建設を進めている途中ですが、それで足りることはないでしょう。自動車のためのスペースが増えれば、自動車に乗る人も増えます。もし、街の中心地に乗り入れる、速くて混雑がましな電車があれば、電車に乗る人が増えるでしょう。車に乗る人は減るでしょう。簡単なことで

す。

　ロブ・フォーブスは、もっと多くの地下鉄が必要だと言っています。もっともなことです。良い考えのように思われます。しかし、彼が考慮に入れようとしない、多くの問題があります。私の言葉を信じていただく必要はありません——いくつかの研究もなされていますから。専門家たちは、地下工事にはずっと多くの費用がかかり、地元の企業は顧客を失う原因にもなると言っています。それだけでなく、地下鉄の建設には時間がもっとかかります。

　それに比べて、地上を走る「路面電車網」は、費用がより安く建設も簡単で、地元のコミュニティーの問題も起きにくいでしょう。これが、誰もが考え付いた最善の計画です。多くの人々がその考えに満足しているように思われます。では、市庁はなぜ、その計画を拒否するのでしょう？　私にはどうも腑に落ちません。市庁は街のために最善のことをすることになっているはずではないでしょうか？

　フォーブスは人々が地下鉄を必要としていると言っています。私はそうは思いません。人々は改善を欲しています。多くの人々は職場に行くのに列車に乗るか、地下鉄に乗るかなんてことを気にしません。ただ、便利であることを望んでいるのです。しかし、もし地下鉄建設に税金を投じる必要があり、企業に損失を与える原因となって、さらに時間がかかるのであれば、答えは明白でしょう。結論としては、私たちには新しい路面電車網が必要なのです。そして、もしロブ・フォーブスがそれを理解できないのであれば、私たちには新しいリーダーが必要なのかもしれません。

長文リスニングの解答と問題文・選択肢の訳

① この手紙は主にどういう問題についてのものですか？
　ⓐ地元企業のいくつかが倒産しそうである。　ⓑ街の中心地の渋滞がひどい。
　ⓒ街の人混みが緩和されている。
② これを書いた人はなぜ地下鉄の建設に反対しているのですか？
　ⓐ費用が高いから。　ⓑ地元の雇用にダメージがあるから。　ⓒ使うのが不便だから。
③ これを書いた人が支持する計画は？
　ⓐより広い道路を作る　ⓑ車を運転する人の税金を上げる　ⓒ路面電車網を作る

PART 4

パーティー、その他の交流

パーティーや交流会は、良い気分転換になるし、

人脈を広げるチャンスでもあります。このパートでは、

新人歓迎会や、講演会、異業種交流会などに

参加するための心構えや、

会話のきっかけをつかむフレーズを学びます

MP3
File List

PART 4
パーティー、その他の交流

UNIT 16　パーティー、その他の交流　①新入社員歓迎会

「ようこそ、わが社へ」

システム会社で開発部門の責任者を務めるメアリー。最近は仕事がどんどん降ってきて、もう限界寸前です。そんな中、新人が入社するという、願ってもないニュースが舞い込んできました。

TASK 1　Listen!　まずは聞いてみよう　🔊 301-303

まずはこれから学習するフレーズを含んだ会話例を聞いてみよう。下記のポイントを聞き取るつもりで、集中して挑もう。(解答例➡ p.167下)

Point 1 キャリーは新人が入ってくることをどうして知っている？ _____

Point 2 新人のケンの出身大学は？ _____

Point 3 プログラミングでケンが詳しくないものとは？ _____

TASK 2 Write down! 書き取ろう

トランスクリプションを確認しながら、もう一度会話を聞こう。下線部は TASK1 のカギとなる部分です。また、フレーズ部分を聞き取って、空欄を埋めてみよう。 （解答➡ p.170）

Scene 1
🔊 301

Mary: I'm being snowed under with work these days. I'm going mental because ① I'm so (s   ) (o   ).

Carrie: Hang in there, Mary. A new guy's coming in next week, so ② (th   ) (w   ) (t   ) (a   ).

M: How do you know that?

C: The boss ③ (g   ) me a (h   ).

M: Great! Let's throw a welcome party for him.

Scene 2
🔊 302

Brown: ④ (W   ) (o   ) (b   ), Ken.

Ken: Thank you, Mr. Brown. Thank you, everyone. I'm so excited to be joining the team.

B: Let's give him a toast. Everyone, raise your glass ... to Ken.

ALL: Cheers!

Scene 3
🔊 303

B: Ken, this is Mary. She heads our development team.

M: Hi, Ken, I heard that you ⑤ (m   ) (i) programming at Oak College.

K: Yes, but I only learned Java and C++. ⑥ I'm (n   ) (f   ) (w   ) COBOL at all.

M: It's very simple. You'll ⑦ (l   ) (t   ) (r   ) pretty quickly.

K: I'll try not to ⑧ (l   ) (y   ) (d   ).

PART 4_UNIT 16

PART 1
PART 2
PART 3
PART 4
PART 5

会話の訳

Scene 1 メアリー：最近、仕事に押しつぶされてるの。おかしくなりそうだわ、ストレスで疲れきっちゃって。

キャリー：もう少しの我慢よ、メアリー。新人君が来週入ってくるから、事態も好転するでしょう。

メ：なんで知ってるの？

キ：上司が前もって教えてくれたの。

メ：良かった！　彼のために歓迎会をしましょうよ。

Scene 2 ブラウン：ケン、ようこそ。

ケン：ありがとうございます、ブラウンさん。皆さん、ありがとう。このチームに加わることができて興奮しています。

ブ：彼に乾杯しよう。みんな、グラスを持って……ケンに。

全員：乾杯！

Scene 3 ブ：ケン、こちらがメアリーだ。開発チームの責任者だよ。

メ：こんにちは、ケン。あなたはオーク・カレッジでプログラミングを専攻したと聞いたわ。

ケ：ええ、でも勉強したのはJavaとC++だけです。COBOLにはまったく詳しくありません。

メ：すごく単純よ。すぐにコツをつかむでしょう。

ケ：あなたをがっかりさせることのないように頑張ります。

TASK 1 Listen! 解答例

Point 1 上司が前もって教えてくれた。

Point 2 オーク・カレッジ。

Point 3 COBOL。

TASK 3 Check & Read Aloud! 確認と音読

TASK2で書き取ったフレーズに関する知識を深めよう。さらに音声に収録されている例文を聞き、ポーズのところで音読してみよう。慣れてきたら文字を見ずに、聞こえてきた音声をまねて言ってみよう。

304 ① (be) stressed out Ⓝ ストレスを感じる、ストレスで疲れきる

解説 ストレスがたまり過ぎて、心身ともに疲労困ぱいしているようなとき、I'm stressed out. という言い方をします。終日かかりっきりの作業をしていて、頭も体も疲れきったようなときには、I'm exhausted. を使うこともありますが、主に精神的な疲れであれば I'm stressed out. と言います。同僚に「あまり根を詰めないようにね」と伝えたいときは、Don't stress yourself out over it. のように使えます。

例文 "You have two exams today, don't you?" "That's right. I'm really stressed out." (「今日はテストが2つあるんでしょう?」「そうなの。もうストレスでいっぱいよ」)

305 ② things will turn around Ⓒ 状況が変わる、事態が好転する

解説 turn around は「向きを変える」という意味ですが、景気や見通しなどを主語にすると、「上向く、好転する」になります。例:We hope our sales will turn around in the fourth quarter.(第4四半期には売り上げが上向くことを期待している)。Things will turn around. は、「きっと良い方向に変わるよ、好転するよ」ということ。ここで things は「いろいろな物事」=「状況」を指しています。

例文 "I don't think the economy will ever recover." "I'm sure things will turn around soon." (「景気が回復するとは思えないです」「私は事態はじきに好転すると信じています」)

306 ③ give ~ a heads-up Ⓒ
　　　～にあらかじめ情報を伝える、前もって～の耳に入れる

解説 heads-up は「注意、警告」ですが、give ~ a heads-up は「～に警告する」だけではなく「～にあらかじめ情報を伝える」という意味でも使われます。「…について～にあらかじめ伝える」と言うときは、give ~ a heads-up on/about ... となります。ちなみに Heads up! 一言だと、「頭、気を付けて!」という意味になります。

例文 "How did you know I was coming?" "Kaori gave me a heads-up." (「私が来るのがどうしてわかったの?」「カオリが前もって教えてくれました」)

【 シチュエーションマークについて 】

見出しの後についている C N P の3つのマークは、フレーズの丁寧さのレベルを表しています。ビジネスでは場面にふさわしい表現を使うことが大切です。フレーズを選ぶ際の参考にしましょう。

C **Colloquial**　カジュアルな口語表現。会話で使います。
N **Neutral**　ニュートラルな表現。会話、文章で使います。
P **Polite**　丁寧な表現。フォーマルな会話、文書で使います。

🔊 307　④ Welcome on board. C ようこそ。

解説 飛行機のアナウンスの "Welcome on board." は「ご搭乗ありがとうございます」ですが、新しく入社したり、チームに加わったりした人にも「ようこそ」という意味で使うことがあります。この意味では Welcome aboard. の方がよく使われるかもしれません。

例文 "Hi, Mr. Jenkins said you'd show me my desk." "You must be Kevin. Welcome on board."（「どうも、あなたが私のデスクに案内してくれるとジェンキンズさんに聞いたのですが」「あなたがケビンですね。ようこそ」）

🔊 308　⑤ major in ~ N ~を専攻する

解説 「私は経済学を専攻しました」なら I majored in economics.、「ご専攻は?」なら What did you major in? または What was your major? です。欧米のビジネス界では、What degree do you have?（どういう学位をお持ちですか?）と聞かれることもあります。これには I have a bachelor's degree/master's degree/ph.D. in ~（~で学士号／修士号／博士号を持っています）のように答えます。

例文 "You know a lot about computers." "Well, computer science is what I majored in."（「コンピューターにお詳しいんですね」「ええ、専攻が情報科学でした」）

🔊 309　⑥ I'm not familiar with ~ N ~にはあまり詳しくありません

解説 よく知らないことについて聞かれて、「ごめんなさい、詳しくないんです」と答えるときに便利な表現。街中で道を聞かれたときも、I'm sorry, I'm not familiar with this area.（すみません、この辺りは詳しくなくて）と言えます。

例文 "Do you know how to use this computer program?" "No, sorry, I'm not familiar with that."（「このコンピュータープログラムの使い方がわかりますか?」「いえ、すみません。それにはなじみがなくて」）

パーティー、その他の交流

🔊 310 ⑦ learn the ropes Ⓒ やり方を学ぶ、コツをつかむ

解説 水兵見習いは、まず、船上の仕事に欠かせない「ロープの使い方」を徹底的に学びます。この learn the ropes はそれに由来する表現で、「新しい仕事の手順を学ぶ、コツをつかむ」という意味で使われます。また、know the ropes と言えば、「やり方を心得ている」、あるいは「事情に明るい」という意味になります。

例文 "Is everything going OK now?" "It's getting easier, but I'm still learning the ropes."（「万事順調ですか?」「だんだん楽になってきましたが、まだやり方を学びつつあるところです」）

🔊 311 ⑧ let ~ down Ⓝ ～を失望させる、～をがっかりさせる

解説 let 人 down で「～（人）を失望させる、がっかりさせる」という意味です。部下に期待を込めてプレッシャーを掛けるとき、I know you won't let me down.（がっかりさせないでくれよ）のように言うこともあります。ちなみに名詞の letdown は口語で、「がっかりさせるもの、期待外れ」という意味。例：The film was a real letdown.（あの映画は本当に期待外れだった）。

例文 "Did John finish that job for you?" "No, he really let me down."（「ジョンはあの仕事を仕上げてくれたの?」「いいえ、彼にはまったくがっかりしたわ」）

TASK 2 Write down! 解答

① I'm so (stressed) (out)
② (things) (will) (turn) (around)
③ (gave) me a (heads-up)
④ (Welcome) (on) (board)
⑤ (majored) (in)
⑥ I'm (not) (familiar) (with)
⑦ (learn) (the) (ropes)
⑧ (let) (you) (down)

① 新入社員歓迎会

TASK 4 Review Quizzes 復習問題

最後に2種類の復習問題に挑戦し、学習を締めくくろう。

1. クイックレスポンス 🔊 312-315

音声に収録されている①～④の文に続けて、応答になり得るセンテンスを A)-D)
から選び、口頭で読み上げよう。

（解答がチャイム音に続けて読まれます。解答の後のポーズで自分でも言ってみま
しょう。解答とトランスクリプション➡ p.172）

① _____ ② _____ ③ _____ ④ _____

A) Don't worry. Things will turn around soon.

B) I majored in English.

C) No, I'm sorry. I'm not familiar with it.

D) Don't worry. I won't let you down.

2. 和文英訳

⑤～⑧の日本語に合うよう、英文の下線部に英語を入れよう。（解答➡ p.172。
正解の英文は音声も聞いて確認し、ポーズの部分で音読やリピーティングをしま
しょう）

⑤ 私はいつもクリスマスの時期にはストレスにやられる。

I always get _____ around Christmas.

⑥ いい仕事があったら、先に情報をちょうだいね。

_____ if you find a good job available, OK?

⑦ ようこそ、ヘニングさん。始めましょうか。

_____ , Ms. Henning. Let's get started.

⑧ あなたがコツをつかむまでに数カ月はかかるでしょう。

It will take you a few months to _____ .

パーティー、その他の交流

(TASK 4) **Review Quizzes** 解答

1. クイックレスポンス

① A)

🔊312 My business is doing really badly. — Don't worry. Things will turn around soon.

私の事業、全然うまくいっていないの。──心配しないで。じきに状況も良くなるさ。

② B)

🔊313 What did you study at university? — I majored in English.

大学では何を学んでいましたか?──私は英語を専攻していました。

③ D)

🔊314 Be extra careful with this client. He's very important. — Don't worry. I won't let you down.

この顧客には特に気を付けてくださいね。とても重要な方です。──心配しないで。がっかりさせませんよ。

④ C)

🔊315 Have you ever used this machine before? — No, I'm sorry. I'm not familiar with it.

前にこの機械を使ったことがありますか?──いいえ、すみません。その機械には詳しくないんです。

2. 和文英訳

⑤ 🔊316 I always get stressed out around Christmas.

⑥ 🔊317 Give me a heads-up if you find a good job available, OK?

⑦ 🔊318 Welcome on board, Ms. Henning. Let's get started.

⑧ 🔊319 It will take you a few months to learn the ropes.

① 新入社員歓迎会

UNIT **17**　パーティー、その他の交流　②講演会場での雑談

「ここ、座ってもいいですか?」

話題のカリスマ経営者の講演会に、多くの人が殺到しています。遅れてきたジャックは、席を探すのにひと苦労。ようやく見つけた席で、隣の女性に話し掛けます。

TASK 1　Listen!　まずは聞いてみよう　　🔊 320-322

まずはこれから学習するフレーズを含んだ会話例を聞いてみよう。下記のポイントを聞き取るつもりで、集中して挑もう。(解答例 ➡ p.175 下)

Point 1 ジャックの隣の席の女性の名前は? _____

Point 2 ジャックは Pie-Pad をどこで手に入れた? _____

Point 3 女性によると、Maple 社が価格を抑えられる理由は? _____

パーティー、その他の交流

TASK 2 Write down! 書き取ろう

トランスクリプションを確認しながら、もう一度会話を聞こう。下線部は TASK1
のカギとなる部分です。また、フレーズ部分を聞き取って、空欄を埋めてみよう。
（解答➡ p.178）

Scene 1 Jack: Hi, ① (d   ) (y   ) (m   ) (i   ) I (s   ) (h   )?
🔊 320   There aren't any other seats available.

Mai: No, not at all. Please go ahead.

J: Thanks. Look how many people turned out today.

M: Yeah, who would miss the opportunity to listen to a
Steve Hobbs' lecture?

J: That's true. By the way, I'm Jack Smith from ABC.

M: I'm Mai Ota from DEF. Nice to meet you.

Scene 2 J: Have you got a Pie-Pad yourself?
🔊 321
M: Not yet. ② They're still (h   ) (t) (c   ) (b   ) in
Japan.

J: It's the same in the States, too. As soon as they ③
come (i   ) (s   ) they ④ (f   ) (o   ) (th   )
(sh   ). But ⑤ I (m   d) (t   ) buy one on
ePay.

Scene 3 M: This is ⑥ (s   -o   - th   - a   ) in every way.
🔊 322   Maple is the best when it comes to these devices.

J: I agree. They don't ⑦ (c   ) (c   ) on anything.

M: And their stuff sells by ⑧ (w   ) (o   ) (m   ) so
they can keep their prices low as well.

② 講演会場での雑談

会話の訳

Scene 1 ジャック：こんにちは、ここに座ってもいいですか？ ほかに空席がないんです。

マイ：ええ、いいですよ。どうぞ。

ジ：どうも。今日は本当にたくさんの人が来ていますねえ。

マ：ええ、スティーブ・ホッブスの講演を聞くチャンスを逃したい人なんていないでしょうからね。

ジ：そうですね。ところで私はABC社のジャック・スミスです。

マ：DEF社のマイ・オオタです。初めまして。

Scene 2 ジ：あなたご自身はPie-Padは手に入れましたか？

マ：まだなんです。日本ではまだ入手困難なんです。

ジ：アメリカでもそうですよ。入荷したらすぐさま、飛ぶように売れます。でも私はePayで1台、何とか買えました。

Scene 3 マ：これはいろいろな点で最先端ですね。メイプル社はこういうデバイスを作らせたら一番だわ。

ジ：そう思います。何についても手抜きしませんし。

マ：メイプル社の製品は口コミで売れるから、価格も安く抑えることができるんですよね。

TASK **1** Listen! **解答例**

Point 1 マイ・オオタ。

Point 2 ePayで購入した。

Point 3 口コミで売れるから。

パーティー、その他の交流

TASK 3 Check & Read Aloud! 確認と音読

TASK2で書き取ったフレーズに関する知識を深めよう。さらに音声に収録されている例文を聞き、ポーズのところで音読してみよう。慣れてきたら文字を見ずに、聞こえてきた音声をまねて言ってみよう。

323 ① Do you mind if I ...? **P** 〜してもよろしいですか?

解説 Do you mind if ~? は「〜してもよろしいですか?」。直訳すると「私が〜をしたらご迷惑ですか?」という意味ですから、迷惑でなければ、No, I don't mind. と言うのが正しい答え方です。厳密さは欠くものの、Sure, go right ahead. のように答えることもよくあります。ただ、Yes, please. とは言いませんので、気を付けましょう。

例文 This place is crowded today, isn't it? Do you mind if I sit here? (ここ、今日は混んでいますね。こちらに座っても構いませんか?)

324 ② (be) hard to come by **N**
　　　　入手困難である、なかなか手に入らない

解説 come by には「立ち寄る」「思い付く」などの意味のほかに「手に入れる」という意味もあります。これに be hard/difficult to が付いて、「入手困難だ」となるわけです。具体的な物だけでなく、抽象的なことにも使えます。例:Privacy is hard to come by these days. (今日、プライバシーはなかなか得難い)。

例文 We need some new parts for this old printer but they're pretty hard to come by. (この古いプリンター用の新しい部品が欲しいのですが、それらはかなり入手困難です)

325 ③ in stock **N** 在庫がある

解説 stock は「在庫」という意味です。「在庫がある」は (be) in stock、「在庫がない、在庫切れ」は (be) out of stock、「入荷する」は come in stock です。「入荷次第ご連絡します」なら We'll let you know as soon as it's back in stock. または We'll let you know as soon as it arrives in stock. と表現します。

例文 "I need a new cable for this computer." "That's no problem, we have some in stock." (「このコンピューター用に新しいケーブルが欲しいのですが」「問題ありません、在庫がございます」)

② 講演会場での雑談

> Ⓒ **Colloquial** カジュアルな口語表現。会話で使います。
> Ⓝ **Neutral** ニュートラルな表現。会話、文章で使います。
> Ⓟ **Polite** 丁寧な表現。フォーマルな会話、文書で使います。

🔊 326 ④ fly off the shelves Ⓒ 飛ぶように売れる

解説 shelves は shelf（陳列棚）の複数形で、fly off the shelves は「陳列棚から飛ぶ」すなわち「飛ぶように売れる」という意味です。例：The new products flew off the shelves.（新製品は飛ぶように売れた）。ただ、形容詞の off-the-shelf は「飛ぶように売れている」ではなく、「陳列棚からすぐに買える」、すなわち、「既製の」という意味です。

例文 We only got the new model in two days ago but they flew off the shelves.（新モデルは2日前に入ったばかりなのに、飛ぶように売れてしまった）

🔊 327 ⑤ manage to ～ Ⓝ 何とか～する、うまく～をやりとげる

解説 manage は「経営する、運営する」という意味以外に、manage + to 不定詞の「何とか～する、どうにか～を成し遂げる」という意味も押さえておきましょう。I managed to find the book I was looking for.（探していた本を何とか見つけた）、Can you manage to come tomorrow?（明日、何とか来てもらえる？）のように使います。

例文 "Can you get everyone to sign the contract by 4 p.m.?" "I think I can manage to."（「午後4時までに契約書に全員のサインをもらってくれますか」「何とかできると思います」）

🔊 328 ⑥ state-of-the-art Ⓝ 最新式の、最先端技術を用いた

解説 state-of-the-art は形容詞で、「最新鋭の」「最先端の」という意味です。The next-generation TV is full of state-of-the-art technology.（その次世代型テレビは、最先端技術を満載している）のように使います。意味合いとしては、most advanced（最も先進的な）とか、most sophisticated（最も洗練された）と同様ですが、state-of-the-art は「芸術の域に達するほど高度に洗練された」ということで、褒め言葉として一段上の印象があります。

例文 My gym is full of new machines. It's really state-of-the-art.（私のジムは新しいマシンでいっぱいです。本当に最先端です）

🔊 329 ⑦ cut corners Ⓒ 手抜きをする、手間を省く

解説 cut corners は文字通り、「角をきちんと曲がらずにショートカットする」＝「近道をする」のほか、「やるべき手間を省く」＝「手抜きをする」という意味でも使います。例：If you cut corners, the outcome of your work will be below standard.（手を抜くと仕事の成果は基準以下になる）。手作業の仕事が多い小さな工場などでは、No Cutting Corners（手抜き厳禁）のような張り紙を目にします。

例文 "Surely we don't need so many fire alarms." "We can't cut corners on safety."（「火災警報器、絶対にこんなにたくさん必要ないよね」「安全に関しては手抜きしちゃいけないんだよ」）

🔊 330 ⑧ word of mouth Ⓝ 口コミ

解説 word of mouth は「口コミ」のこと。「口コミで」は、by/through word of mouth と表現します。例えば、The rumor spread through word of mouth.（うわさが口伝えで広まった）、The product sells by word of mouth.（その製品は口コミで売れる）、We can't underestimate the power of word of mouth.（口コミの威力はあなどれない）のように使います。

例文 "His concerts always sell out but I never see anything about them in advance." "That's because they sell by word of mouth."（「彼のコンサートのチケットはいつも売り切れるけど、事前にコンサートについて目にすることが全然ないのよね」「それは口コミで売れているからだよ」）

TASK 2 Write down! 解答

① (do) (you) (mind) (if) I (sit) (here)
② They're still (hard) (to) (come) (by)
③ come (in) (stock)
④ (fly) (off) (the) (shelves)
⑤ I (managed) (to)
⑥ (state-of-the-art)
⑦ (cut) (corners)
⑧ (word) (of) (mouth)

TASK **4** **Review Quizzes** 復習問題

最後に2種類の復習問題に挑戦し、学習を締めくくろう。

1. クイックレスポンス 🔊 331-334

音声に収録されている①〜④の文に続けて、応答になり得るセンテンスを A)-D) から選び、口頭で読み上げよう。

（解答がチャイム音に続けて読まれます。解答の後のポーズで自分でも言ってみましょう。解答とトランスクリプション→ p.180）

① ＿＿＿＿＿＿　② ＿＿＿＿＿＿　③ ＿＿＿＿＿＿　④ ＿＿＿＿＿＿

A) Thanks Tim. Do you mind if I sit here?

B) Those are hard to come by.

C) Well, our dog food is flying off the shelves right now.

D) I think I can manage to complete everything before 6 p.m.

2. 和文英訳

⑤〜⑧の日本語に合うよう、英文の下線部に英語を入れよう。（解答➡ p.180。正解の英文は音声も聞いて確認し、ポーズの部分で音読やリピーティングをしましょう）

⑤ わが社は従業員の安全については決して手を抜きません。

We never ＿＿＿＿＿＿＿＿＿ on employee safety.

⑥ これは最先端のステレオシステムです。

This is a ＿＿＿＿＿＿＿＿＿ stereo system.

⑦ こちらの機械は来週火曜日までには入荷するはずです。

These devices should come ＿＿＿＿＿＿＿ by next Tuesday.

⑧ この製品は主に口コミで売れています。

This product mostly sells by ＿＿＿＿＿＿＿＿＿＿ .

パーティー、その他の交流

1. クイックレスポンス

① D)
🔊 331 Do you think you can finish this by tonight? — I think I can manage to complete everything before 6 p.m.

あなたは今夜までにこれを終えられると思いますか?――午後6時までには何とかすべて仕上げられると思います。

② B)
🔊 332 I want a well-paid part-time job. — Those are hard to come by.

給料のいいアルバイトがしたいな。――それはなかなか手に入らないわよ。

③ A)
🔊 333 Hey, Jane. Glad you could make it to the talk. — Thanks Tim. Do you mind if I sit here?

やあ、ジェーン。君が講演会に来てくれて良かったよ。――ありがとう、ティム。ここに座ってもいい?

④ C)
🔊 334 How's the pet food business? — Well, our dog food is flying off the shelves right now.

ペットフード事業はどうですか?――それが、うちのドッグフードは現在飛ぶように売れているんですよ。

2. 和文英訳

⑤ 🔊 335 We never cut corners on employee safety.

⑥ 🔊 336 This is a state-of-the-art stereo system.

⑦ 🔊 337 These devices should come in stock by next Tuesday.

⑧ 🔊 338 This product mostly sells by word of mouth.

②講演会場での雑談

UNIT 18　パーティー、その他の交流　③会話の糸口をつかむには？

「天気の話ばかりじゃダメ」

金曜日に開かれる異業者交流会に参加したいキャリー。同僚のマイを誘い
ますが、「一人で行けば？」と言われてしまい……。

TASK 1　Listen!　まずは聞いてみよう　　🔊 339-341

まずはこれから学習するフレーズを含んだ会話例を聞いてみよう。下記のポイン
トを聞き取るつもりで、集中して挑もう。（解答例➡ p.183 下）

Point 1 キャリーはなぜ一人で行きたくない？ _____

Point 2 マイは、会話の糸口としてどんな話題を避けるべきとしている？ _____

Point 3 マイは、人は何をするのが好きと言っている？ _____

TASK 2 **Write down!** 書き取ろう

トランスクリプションを確認しながら、もう一度会話を聞こう。下線部は TASK1
のカギとなる部分です。また、フレーズ部分を聞き取って、空欄を埋めてみよう。
（解答➡ p.186）

Scene 1
🔊 339

Carrie: I'm going to a networking party on Friday. Do you
want to come with me?

Mai: ① I (w   ) I (c   ), (b   ) ② I (a   )
(h   ) (p   ) for that night.

C: Oh, OK. I'll ask someone else.

M: You could always go by yourself.

C: But what if there's no one I know?

M: You'll meet more people that way. That's what the
party is all about.

Scene 2
🔊 340

C: I'm not good at ③ (b   ing) (th   ) (i   ).

M: Just ④ (s   ) (a   ) (f   ) heavy topics.

C: What, like political or religious issues?

M: Yes, those things will ⑤ (g   ) (y   ) in (t   )
⑥ (m   ) (o   ) (th   ) (n   ).

C: But I'll ⑦ (c   ) (a   ) (a   ) boring if I just go
on about the weather.

M: You can start with the weather and get on to what
interests you later.

Scene 3
🔊 341

C: Maybe ⑧ I'll (g   ) (i   ) a (g   ) on my own then.

M: Good for you.

C: I'm still worried about making a fool of myself though.

M: Take my word for it; you'll be fine. Ask questions.
People are happy to talk about themselves.

C: That's true. I'll let you know how I get on.

会話の訳

Scene 1 キャリー：金曜日に異業種交流会に行くんだけど。一緒に来ない？

マイ：そうできたらいいんだけど、その日の夜はもう予定があるの。

キ：そう、わかった。ほかの人に聞いてみるわ。

マ：一人で行ってみたらいいじゃない。

キ：でも、知ってる人が誰もいなかったらどうするの？

マ：その方がたくさんの人と知り合えるでしょ。それがパーティーの醍醐味よ。

Scene 2 キ：私、会話のきっかけを作ることが下手なのよ。

マ：深刻な話題を避けるだけでいいのよ。

キ：どういうこと、例えば政治や宗教の話題とか？

マ：そう。そういうのはたいてい面倒なことになるから。

キ：でも、天気の話ばかりしてると、つまらない人間と思われるかも。

マ：天気から始めて、それから面白いと思うことに話を移せばいいのよ。

Scene 3 キ：じゃあ、一人で行ってみる。

マ：その調子よ。

キ：恥をかくかもしれないことがまだ心配だけど。

マ：保証するわ。大丈夫よ。質問すればいいの。人って、自分のことを話すのが大好きなものなんだから。

キ：そうね。うまくいったかどうか、後で報告するわ。

TASK 1 Listen! 解答例

Point 1 知っている人がいないかもしれないから。

Point 2 政治や宗教といった深刻な話題。

Point 3 自分について話すこと。

TASK 3 Check & Read Aloud! 確認と音読

TASK2で書き取ったフレーズに関する知識を深めよう。さらに音声に収録されている例文を聞き、ポーズのところで音読してみよう。慣れてきたら文字を見ずに、聞こえてきた音声をまねて言ってみよう。

◀ 342 ① I wish I could, but ... **N** そうできればいいんですけど…

解説 I wish I could, but ... は「…できたらいいと思うけど、現実的には無理」という仮定法の表現で、誘いを断るときに便利なフレーズです。さらに、I wish I could, but I already have plans. (行きたいけど予定があるの [②参照]) のように、「なぜダメなのか」を簡単に添えるといいでしょう。

例文 "Want to come for a drink?" "I wish I could, but I have to stay and finish this work." (「一杯どう?」「そうしたいんだけど、残ってこの仕事を終わらせないといけないの」)

◀ 343 ② I already have plans. **N** すでに予定があるんです。

解説 「もう予定があるので」と断るときの表現です。ポイントは、予定が一つであっても plans と複数形を使うこと。これは、「明日、何か予定はありますか?」 Do you have any plans for tomorrow? のように聞くときも同じです。「特に予定がない」なら、I don't have any specific plans. と答えます。

例文 "I think we should start the meeting at noon." "Sorry, I already have plans for then." (「お昼には会議を始めましょう」「すみません、その時間には予定が入っているんです」)

◀ 344 ③ break the ice **C**
緊張をほぐす、雰囲気を和らげる、会話のきっかけを作る

解説 break the ice は「氷を割る」という直訳からもイメージできるように、「凍った場の雰囲気を破る」=「緊張をほぐす、雰囲気を和らげる、場を温める」という意味です。例：He broke the ice with a joke. (彼はジョークで場の緊張をほぐした)。

例文 We talked about our journeys to break the ice. (会話の糸口を見つけるため、私たちは旅行の話をした)

© **Colloquial** カジュアルな口語表現。会話で使います。
Ⓝ **Neutral** ニュートラルな表現。会話、文章で使います。
Ⓟ **Polite** 丁寧な表現。フォーマルな会話、文書で使います。

🔊345 ④ stay away from ~ Ⓝ
〜に近づかない、〜にはかかわらない、〜を避ける、〜を控える

解説 stay away from ~ は「〜から離れた所にいる」、つまり「〜には近づかない、〜にはかかわらない、〜を避ける」という意味。物理的に Please stay away from the area.（この区域に近づかないでください）とも言うし、抽象的に You should stay from him.（彼とはかかわり合いにならない方がいい）のようにも使います。また、「〜を控える」という意味にもなります。例：Stay away from alcohol.（アルコールは控えなさい）。

例文 "Would you like some curry?" "No, I stay away from hot food, thanks."
（「カレーはいかがですか?」「いいえ、辛い料理は控えているんです。ありがとう」）

🔊346 ⑤ get in trouble © 面倒なことになる、困る、怒られる

解説 get in trouble は文字通り解釈すると「トラブルに巻き込まれる」「面倒なことになる」ということで、会話例でもこの意味で使われています。ただ、get in trouble は「叱られる」という意味でもよく使われます。例：Did you get in trouble again?（また怒られたの?）、You're going to get in trouble if you don't do the dishes.（お皿を洗わないと叱られるよ）。

例文 You should finish that report now; you don't want to get in trouble.
（あの報告書は今すぐ終わらせた方がいいよ、面倒なことになるのは嫌でしょう）

🔊347 ⑥ more often than not © たいてい、しばしば、通常

解説 more often than not は「notより頻繁」=「たまに」と誤解されがちですが、このかたまりで「たいてい、しばしば」という意味です。感覚的には「いつもというわけではないが、半々以上の確率で」ということで、very often や usually と置き換え可能です。

例文 "Is the office always this busy on Fridays?" "Yes, more often than not."（「この職場は金曜はいつもこんなに忙しいんですか?」「ええ、たいていはね」）

パーティー、その他の交流

🔊 348 ⑦ come across as ~ **N** ～と見られる、～のような印象を与える

解説 come across as ~ は「人に～という印象を与える」という意味です。He came across as intelligent.（彼は知的な感じだった）、I don't want to come across as boring.（退屈な人だと思われたくない）、Don't call him too often. You'll come across as desperate.（彼にあんまりしょっちゅう電話しちゃダメだよ。必死だなって思われるよ）のように使います。

例文 She comes across as serious and a little cold but she's actually very friendly.（彼女はまじめでちょっと冷たいように見えますが、実はとても人なつこい人です）

🔊 349 ⑧ give it a go **C** 試しにしてみる、挑戦してみる

解説 give it a go は「試しにしてみる」、つまり、try to do ということです。You should give it a go.（試しにやってみなよ）とか、I'll give it a go and see what happens.（どうなるか、やってみるよ）のように使います。a が付いていることからもわかるとおり、この go は名詞として使われています。give it a try、give it a shot も同じ意味になります。

例文 "Can you translate this page into English for me?" "Well, I'll give it a go."（「このページを英語に訳してもらえますか?」「まあ、やってみます」）

TASK 2 Write down! 解答

① I (wish) I (could), (but)
② I (already) (have) (plans)
③ (breaking) (the) (ice)
④ (stay) (away) (from)
⑤ (get) (you) in (trouble)
⑥ (more) (often) (than) (not)
⑦ (come) (across) (as)
⑧ I'll (give) (it) a (go)

③ 会話の糸口をつかむには?

TASK 4 Review Quizzes 復習問題

最後に2種類の復習問題に挑戦し、学習を締めくくろう。

1. クイックレスポンス 🔊 350-353

音声に収録されている①〜④の文に続けて、応答になり得るセンテンスをA)-D)から選び、口頭で読み上げよう。

（解答がチャイム音に続けて読まれます。解答の後のポーズで自分でも言ってみましょう。解答とトランスクリプション➡p.188）

① _____ ② _____ ③ _____ ④ _____

A) Love to, but I already have plans.
B) Just stay away from sugar and fat.
C) No. If someone sees me, I might get in trouble.
D) Really? I'll have to give it a go.

2. 和文英訳

⑤〜⑧の日本語に合うよう、英文の下線部に英語を入れよう。（解答➡p.188。正解の英文は音声も聞いて確認し、ポーズの部分で音読やリピーティングをしましょう）

⑤「私たちとご一緒にいかがですか?」
　「そうしたいところですけど、人を待っているもので」
"Care to join us?"
"_____ I'm waiting for someone."

⑥ 昨日の夜はごめんなさい。退屈していたように思われていなければいいけど。

Sorry about last night. I hope I didn't _____ bored.

⑦ ボブはたいてい遅れてくる。
Bob is late _____ .

⑧ このゲームはパーティーで場を温めるのにいい方法だ。
This game is a good way to _____ at a party.

パーティー、その他の交流

(TASK **4** | **Review Quizzes** 解答)

1. クイックレスポンス

① D)
🔊 350 It's the best restaurant in the city. — Really? I'll have to give it a go.
そこはこの街で一番のレストランよ。──本当に？　試してみなきゃ。

② B)
🔊 351 How can I lose weight? — Just stay away from sugar and fat.
どうしたらやせられるかしら？──砂糖と脂分を控えればいいだけだよ。

③ C)
🔊 352 You look tired. Why don't you take a rest in the back room? — No. If someone sees me, I might get in trouble.
疲れているみたいね。奥の部屋で休んだらどう？──いいよ。誰かに見られたら面倒なことになりそうだから。

④ A)
🔊 353 Hey Larry. Feel like getting a drink tonight? — Love to, but I already have plans.
あら、ラリー。今夜一杯やりたくない？──そうしたいけど、予定があるんだ。

2. 和文英訳

⑤ 🔊 354 "Care to join us?"
"I wish I could, but I'm waiting for someone."

⑥ 🔊 355 Sorry about last night. I hope I didn't come across as bored.

⑦ 🔊 356 Bob is late more often than not.

⑧ 🔊 357 This game is a good way to break the ice at a party.

③会話の糸口をつかむには？

UNIT **19** | パーティー、その他の交流 | ④業界の集まりでトーク

「聴衆の意見を聞こう」

新興の IT 企業に勤めるケイは、今夜、業界の集まりで講演をすることになっています。テーマは決まっているものの、ケイは何を話すか迷っているようです。

TASK 1 Listen! まずは聞いてみよう　　🔊 358-360

まずはこれから学習するフレーズを含んだ会話例を聞いてみよう。下記のポイントを聞き取るつもりで、集中して挑もう。（解答例➡ p.191 下）

Point 1 ケイは講演を楽しみにしている？ ＿＿＿＿＿＿＿＿＿＿

Point 2 話さなければならないのは、どんなテーマ？ ＿＿＿＿＿＿＿＿

Point 3 ケイはどうして講演をすることになった？ ＿＿＿＿＿＿＿＿

189

パーティー、その他の交流

TASK 2 Write down! 書き取ろう

トランスクリプションを確認しながら、もう一度会話を聞こう。下線部は TASK1 のカギとなる部分です。また、フレーズ部分を聞き取って、空欄を埋めてみよう。 （解答➡ p.194）

Scene 1
🔊 358

Pete: You're always ① (o　) (th　) (g　)! Where are you off to today?

Kei: I have to go and speak at that industry meeting.

P: Oh, that's right. What's it about?

K: Internet business. I can't wait to ② (g　) (i　) (o　) (w　).

P: I thought you were looking forward to it.

K: No, I don't think this one is going to be much fun.

Scene 2
🔊 359

P: So what are you going to be talking about?

K: I have to talk about how Internet businesses can sell to people who aren't on the Internet.

P: That sounds interesting. How do they do it?

K: I have no idea! I'm going to have to make it up as I go along.

P: Why did you ③ (p　) yourself (f　) for it in the first place?

K: I didn't. The boss ④ (t　) (i　) (i　) her (h　) that I could do it.

Scene 3
🔊 360

K: Anyway, I'm going to try to ⑤ (t　) a (b　) (s　).

P: You'll ⑥ be (h　) (p　) (t　) do that when you are the one who is speaking.

K: Oh, I ⑦ (w　) (g　) (a　) if I had to do all the talking.

P: So what are you going to do?

K: I'm going to ask for suggestions from the audience. They can ⑧ (t　) (t　) telling me their ideas instead.

④業界の集まりでトーク

会話の訳

Scene 1 ピート：君はいつも忙しいね！　今日はどこに行くんだい？

ケイ：業界の集まりで話をしなきゃならないんだ。

ピ：ああ、そうなんだ。どんな内容？

ケ：インターネット・ビジネスだよ。もう、さっさと済ませたくてしょうがないよ。

ピ：君は楽しみにしてると思ってたのに。

ケ：いや、これはあんまり面白いことにはなりそうもないんだ。

Scene 2 ピ：で、何について話すつもりなんだい？

ケ：インターネット企業が、どうすれば、インターネットを使ってない人にモノを売ることができるかって話。

ピ：面白そうだね。どうすればいいわけ？

ケ：全然わからないよ！　話しながらでっちあげるしかない。

ピ：そもそも、なんでそれに自分から名乗り出たんだよ？

ケ：言ってないよ。上司が、僕ができるって思い込んだんだ。

Scene 3 ケ：とにかく今回は出しゃばらないようにするよ。

ピ：話すのは君なんだから、そうするのはかなり難しいだろう？

ケ：いや、僕が全部話さなきゃいけなかったら、どうにもならないよ。

ピ：じゃあ、どうするの？

ケ：聴衆に提案を求めるよ。僕の代わりに、彼らがアイデアを僕に交代で教えてくれればいいんだ。

TASK 1 Listen! 解答例

Point 1 楽しみにしていない。

Point 2 インターネット企業がインターネットを使っていない人にどうやってモノを売るか。

Point 3 上司が、ケイができると思い込んだから。

TASK 3 Check & Read Aloud! 確認と音読

TASK2で書き取ったフレーズに関する知識を深めよう。さらに音声に収録されている例文を聞き、ポーズのところで音読してみよう。慣れてきたら文字を見ずに、聞こえてきた音声をまねて言ってみよう。

361 ① (be) on the go **C** 忙しい、あちこち動き回っている

解説 He's always on the go. で「彼はいつも忙しくしている」。He's always busy. や、He's always tied up with work. と同義ですが、be on the go には「忙しく動き回っている」という語感があります。He's busy jumping around.（彼はあっちこっち飛び回っているよ）というように使います。

例文 "You look busy." "I am; I've been on the go all week." （「忙しそうですね」「そうなんです。ここ1週間あちこち動き回ってまして」）

362 ② get it over with **C** さっさと片付ける、さっさと終わらせる

解説 get ~ over with は口語で「~をさっさと片付ける、終わらせる」という意味で、get ~ done と同じように使われます。~の部分には「あまり気乗りしないこと、面倒なこと」が入ります。例：I want to get the assignment over with as soon as possible.（できるだけ早く課題を終わらせてしまいたい）。目の前にあることを指して「さっさと終わらせちゃおうよ」と言いたいときには、仮主語の it を入れて、Let's get it over with. のように言います。

例文 "I'm not looking forward to saying sorry to her." "You should stop worrying about it and just get it over with." （「彼女に謝るのはあんまり気が進まないわ」「くよくよ考えてないで、さっさと謝った方がいいよ」）

363 ③ put ~ forward **N** ~を推薦する

解説 put forward には「提案する、提唱する」などの意味がありますが、put 人 forward for ~ とすると、「人を~（職／任務）に推薦する」という意味になります。put の後に myself を入れると「自薦する、~を買って出る、~に名乗りを上げる」という意味になります。

例文 I put myself forward for a job at ABC.（私はABC社での仕事に名乗りを上げた）

> Ⓒ **Colloquial** カジュアルな口語表現。会話で使います。
> Ⓝ **Neutral** ニュートラルな表現。会話、文章で使います。
> Ⓟ **Polite** 丁寧な表現。フォーマルな会話、文書で使います。

364 ④ take it into one's head Ⓒ 思い込む、突然思い付く

解説 唐突に何かを思い付いたり、おかしなことを思い込んだりすることを、take it into one's headと表現します。take it into one's head that ... とすれば「…だと思い込む」、take it into one's head to do ... だと「…することを思い立つ」となります。例：She suddenly took it into her head to go to India.（彼女は突然インドに行こうと思い立った）。

例文 I don't know why she took it into her head that I would like working on Sundays.（彼女がなぜ、私が日曜に働きたがっていると思い込んだのかわからない）

365 ⑤ take a back seat Ⓒ
目立たないようにする、（誰かに立場を）譲る、二の次になる

解説 take a back seatは「後部座席に座る」ですが、これで「（主役の座を）譲る」とか「目立たないようにする」という意味になります。また、X take(s) a back seat to Yのような形だと、「Yのためにがおろそかになる、Xが二の次になる」という意味になります。

例文 I'll introduce the product but I'll take a back seat when it comes to the technical details. I'll leave those to you.（製品紹介はしますが、技術的な詳細は譲ります。お任せするわ）

366 ⑥ (be) hard put to ~ Ⓒ
～するのに大変苦労する、～はほとんど不可能だ

解説 「難しい状況に置かれる」という口語的な表現。putの部分にpressed、pushed（押される）が入っても同じ意味になります。例：I was hard put to decide which to choose.（どちらを選ぶか決めるのに大変苦労した）、You'd be hard put to get this report done by Friday.（そのレポートを金曜までに終わらせるのはほぼ不可能でしょう）。

例文 I'll be hard put to finish all this work by Friday.（金曜までにすべての仕事を終わらせるのはほとんど不可能だ）

パーティー、その他の交流

◀ 367 ⑦ not get anywhere Ⓒ
まったくうまくいかない、らちが明かない、始まらない

解説 否定語（not、never など）+ get anywhere は、「どこにも到着しない」、つまり「成功できない」「らちが明かない」という意味。例えば、You'll never get anywhere if you don't take a risk.（リスクを取らなければ何も始まらないよ）のように使います。また、水掛け論になったときは、We won't get anywhere if we keep on arguing like this.（こんなふうに言い合っていても、らちが明かないよ）のように言えますが、これは、This argument won't get us anywhere. と言っても同じです。

例文 The contract talks are not getting anywhere.（契約交渉がまったくうまくいっていません）

◀ 368 ⑧ take turns Ⓝ 交代でする、順番に行う

解説 この turn は「回転」ではなく「順番」という意味。It's your turn. で「あなたの番だよ」ということです。また、順番で何かをすることを take turns と言います。「順番でやろうよ」なら、簡単に Let's take turns. と言えば OK。「何を」まで言いたい場合は、take turns（+ at/in など）+ 動名詞、あるいは、take turns + to 不定詞の形で表現しますが、動名詞だけで表す場合が多いようです。例：We took turns introducing ourselves.（私たちは順番に自己紹介をした）。

例文 Everyone in the office takes turns cleaning the kitchen.（会社の人たちは全員が交代で台所掃除をしている）

TASK 2 Write down! 解答

① (on) (the) (go)
② (get) (it) (over) (with)
③ (put) yourself (forward)
④ (took) (it) (into) her (head)
⑤ (take) a (back) (seat)
⑥ be (hard) (put) (to) do that
⑦ (wouldn't) (get) (anywhere)
⑧ (take) (turns)

④業界の集まりでトーク

TASK 4 Review Quizzes 復習問題

最後に2種類の復習問題に挑戦し、学習を締めくくろう。

1. クイックレスポンス 🔊 369-372
音声に収録されている①〜④の文に続けて、応答になり得るセンテンスを A)-D)
から選び、口頭で読み上げよう。
（解答がチャイム音に続けて読まれます。解答の後のポーズで自分でも言ってみま
しょう。解答とトランスクリプション➡ p.196）

① ＿＿＿＿＿＿　② ＿＿＿＿＿＿　③ ＿＿＿＿＿＿　④ ＿＿＿＿＿＿

A) We can take turns.
B) He wouldn't listen to anyone, so the team wasn't getting anywhere.
C) You'd be hard put to find a nicer one for the price.
D) So that's why you always take a back seat in discussions.

2. 和文英訳
⑤〜⑧の日本語に合うよう、英文の下線部に英語を入れよう。（解答➡ p.196。
正解の英文は音声も聞いて確認し、ポーズの部分で音読やリピーティングをしま
しょう）

⑤ さっさとそれを終わらせて、給料を上げてくれるよう上司に頼んだら？
Why don't you ＿＿＿＿＿＿＿＿＿＿ and ask the boss for a raise?

⑥ 彼らは党の指導者に彼女を推薦した。
They ＿＿＿＿＿＿＿＿＿＿ as the party leader.

⑦ ツイッターはあなたがあちこち飛び回っているときに友達と連絡を取るのに
とてもいい手段だ。
Twitter is a great way to keep up with your friends when you're
＿＿＿＿＿＿＿＿＿＿ .

⑧ 彼女は突然オフィスを塗り替えようと思い立った。
She's ＿＿＿＿＿＿＿＿＿＿ that the office needs to be painted.

TASK **4** **Review Quizzes** 解答

1. クイックレスポンス

① B)

🔊 369 Why did you take Steve off of the project? — He wouldn't listen to anyone, so the team wasn't getting anywhere.

なぜスティーブをプロジェクトから外したんですか?──彼は誰にも耳を貸さないから、チームが全然うまくいかなくなってしまったの。

② D)

🔊 370 Everyone in class knows so much more than me. — So that's why you always take a back seat in discussions.

クラス全員が僕より物知りだ。──それでいつも議論では目立たないようにしているのね。

③ A)

🔊 371 I don't want to drive the whole way. — We can take turns.

ずっと車を運転するのは嫌だな。──交代ですればいいわよ。

④ C)

🔊 372 Is this the cheapest camera you have? — You'd be hard put to find a nicer one for the price.

これが、こちらにある中で一番安いカメラですか?──その価格でこれ以上のものを見つけるのは難しいですよ。

2. 和文英訳

⑤ 🔊 373 Why don't you get it over with and ask the boss for a raise?

⑥ 🔊 374 They put her forward as the party leader.

⑦ 🔊 375 Twitter is a great way to keep up with your friends when you're on the go.

⑧ 🔊 376 She's taken it into her head that the office needs to be painted.

UNIT 20 　パーティー、その他の交流 　⑤知り合いに再会

「誰に会ったと思う?」

メアリーは先日出席したパーティーで、思いがけない人物に再会しました。
メアリーはそのときのことを、同僚のキャリーに話します。

TASK 1 　Listen! まずは聞いてみよう 　🔊 377-379

まずはこれから学習するフレーズを含んだ会話例を聞いてみよう。下記のポイントを聞き取るつもりで、集中して挑もう。(解答例➡ p.199下)

Point 1 メアリーがパーティーで会った「元上司」の名前は? ＿＿＿＿＿＿

Point 2 その「元上司」は会社を辞めるとき、何と言った? ＿＿＿＿＿＿

Point 3 「元上司」はメアリーにどんな申し出をした? ＿＿＿＿＿＿

197

パーティー、その他の交流

⑤知り合いに再会

TASK **2** Write down! 書き取ろう

トランスクリプションを確認しながら、もう一度会話を聞こう。下線部はTASK1
のカギとなる部分です。また、フレーズ部分を聞き取って、空欄を埋めてみよう。
（解答➡ p.202）

Scene 1
🔊 377

Mary: Guess who I ① (r   ) (i   ) at that party the
other night.

Carrie: Steve? Morgan? I give up.

M: Yes, they were both there, but so was our ex-boss!

C: Michelle Barrett? Oh, that was nice.

M: No, not her. David Content. The one who always ②
(t   ) things (o   ) (o   ) us ③ (f   ) (s   ) (r   ).

C: Oh, you poor thing.

Scene 2
🔊 378

M: When he left he said he couldn't ④ (p   ) (u   )
(w   ) working with fools.

C: Yes, that ⑤ was (g   ) (t   ) (f   ).

M: When I saw him ⑥ I (d   ) (kn   ) (wh   )
(w   ) (t) (t   ).

C: I think I would have turned around and left.

M: I was just about to, but he saw me.

C: That was a difficult situation.

Scene 3
🔊 379

M: Anyway, he came over and said hello, and was really nice!

C: So why did he say we were all fools then?

M: ⑦ It (t   ) (o   ) he was talking about the other
managers, not us.

C: And did he say anything about his new job?

M: As a matter of fact, he said it's a really good company.
He even offered me a job there.

C: I hope you ⑧ (p   ) (i   ) a (g   ) (w   ) (f   ) me.

会話の訳

Scene 1 メアリー：この前の夜のパーティーで、誰に偶然出会ったと思う？

キャリー：スティーブ？　モーガン？　降参。

メ：ええ、その2人もいたけど、前の上司もいたのよ！

キ：ミシェル・バレット？　あら、それは良かったわね。

メ：いえ、彼女じゃないの。デービッド・コンテントよ。なぜか、いつも私たちに八つ当たりしていたやつよ。

キ：あら、かわいそうに。

Scene 2 メ：彼は辞めるとき、ばか者たちと一緒に仕事するのは我慢できないって言ったのよね。

キ：ええ、あれは言い過ぎだった。

メ：彼を見たとき、どうしたらいいのかわからなくて。

キ：私だったら背を向けて立ち去ったと思うわ。

メ：そうしようとしてたら彼に見つかったのよ。

キ：それは気まずい状況ね。

Scene 3 メ：ともかく彼がこっちに来てあいさつしたんだけど、すごく感じが良かったの！

キ：じゃあ、なぜあの時、私たちみんなをばか者呼ばわりしたわけ？

メ：彼は私たちのことじゃなくてほかのマネージャーたちのことを言ってたってことが判明したのよ。

キ：新しい仕事のことは何か言ってた？

メ：実のところ、すごくいい会社だって言ってた。私にもそこで働かないかって言ったのよ。

キ：あなた、私のことも良く言っておいてくれたかしら。

TASK 1 Listen! 解答例

Point 1 デービッド・コンテント。

Point 2 ばか者たちと一緒に仕事するのは耐えられない。

Point 3 彼の会社で働かないかと誘った。

TASK **3** Check & Read Aloud! 確認と音読

TASK2で書き取ったフレーズに関する知識を深めよう。さらに音声に収録されている例文を聞き、ポーズのところで音読してみよう。慣れてきたら文字を見ずに、聞こえてきた音声をまねて言ってみよう。

🔊 380 ① run into ~ **N** ～にばったり会う、偶然出会う

解説 run into ~ は「～に偶然出会う」。言い換えるとaccidentally meet ~という感じです。例えば、いろいろな会合やセミナーなどでいつも顔を合わせる知人に対して、We keep running into each other, don't we? (よくお会いしますね)と言ったり、誰かに偶然会ったことをI ran into David at a coffee shop in Ginza. (銀座のコーヒーショップでデービッドにばったり会ったよ)と報告したりします。

例文 I ran into an old friend today. (今日、旧友にばったり会いました)

🔊 381 ② take ~ out on ... **C** ～について…に八つ当たりをする

解説 会話例の take things out on us は「個人的な問題について私たちに当たり散らす」という意味。thingsの部分にはほかにも、his frustration (不満)、his anger (怒り)、his problems (問題)などネガティブな単語を入れることができますが、会話では相手の言動や行動をitで受けて、take it out on ... とするパターンが最も多いでしょう。誰かに八つ当たりされたときは、Stop taking it out on me. (私に八つ当たりするのはやめてよ)のように抗議できます。

例文 I understand that you're stressed out, but please don't take it out on us. (ストレスで参ってるのはわかるけど、僕たちに当たらないでください)

🔊 382 ③ for some reason **N** 何らかの理由で、どうしたわけか、なぜか

解説 直訳すると「何らかの理由で」で、He rejected their offer for some reason. (彼は何らかの理由で彼らの申し出を断った)のように使います。この表現には、「理由ははっきりしないけど」「真相はわからないけど」といった意味合いがあります。そのため、「なぜか」「どうしたわけか」という訳がぴったりくる場合もあります。理由を曖昧にぼかしたいときにも使える表現です。

例文 That clock is an hour slow for some reason. (あの時計はどういうわけか1時間遅れている)

ⓒ	Colloquial	カジュアルな口語表現。会話で使います。
Ⓝ	Neutral	ニュートラルな表現。会話、文章で使います。
Ⓟ	Polite	丁寧な表現。フォーマルな会話、文書で使います。

🔊383 ④ put up with ~ ⓒ ～を我慢する、～に耐える

解説 「我慢する」は tolerate や endure、bear、stand のほか、この句動詞の put up with ~ もよく使われます。「こんなの、もう我慢できない」は I can't put up with this anymore. のほか、I can't stand this anymore. もよく使います。

例文 I don't know how you put up with all the noise in here.（あなたがこの騒音をどうして我慢できるのかわからない）

🔊384 ⑤ go too far ⓒ 行き過ぎる、やり過ぎる、言い過ぎる

解説 go too far は、日本語の「行き過ぎる」とか「やり過ぎる」に当たります。例：I think banning smoking in all public places is going too far.（すべての公共の場で喫煙を禁止するのは行き過ぎだと思う）。文脈によっては「言い過ぎる」にもなります。勢いで強い言葉を投げてしまった後、「ごめん、ちょっと言い過ぎた」と謝るなら、Sorry, I went/I've gone too far. です。

例文 I know the company is trying to save money but switching off the office heating is going too far.（会社が経費削減に取り組んでいるのは知っているけれど、オフィスの暖房を切るのはやり過ぎだ）

🔊385 ⑥ don't know which way to turn ⓒ どうしていいかわからない

解説 I don't know which way to turn. は、直訳すると「どっちを向いていいかわからない」。この意味でももちろん使えますが、「どうしたらいいかさっぱりわからない」という意味にもなります。いわば、I don't know what to do.（どうしていいかわからない）をちょっと大げさに言うような感じです。会話例では両方の意味を掛けて使っています。

例文 I arrived in jeans and a T-shirt and all the other guests were wearing suits. I didn't know which way to turn.（ほかのゲストはみんなスーツを着ているのに、ジーンズとTシャツで来てしまった。どうしたらいいかわからなかった）

386 ⑦ turn out ~ **N** 結局～であることがわかる、～という結果になる

解説 turn out はいろいろな意味を持つ句動詞で、UNIT 17 の会話例の中のセリフ、Look how many people turned out today. では、「出席する」という意味で使われています。この UNIT 20 の会話例では、「～ということがわかる」という意味で使われています。例：It turned out that it was just a misunderstanding.（結局、ただの誤解だとわかった）。また、「～ということになる、～という成り行きになる」という意味でも使われます。例：It didn't turn out the way I expected.（私が思ったようにはならなかった）、Everything turned out well.（万事うまくいった）。

例文 How did the interview turn out?（インタビューはどうでした？）

387 ⑧ put in a good word for ~ **C** ～のことを口添えする

解説 put in a good word for ~ は、「～のために良い言葉を入れる」、すなわち、「推薦する」とか「口添えをする」ということ。Could you please put in a good word for me?（口添えしといてくれる？）のように使えます。Could you say a good word for me? のように、put in を say に置き換えることもできます。ちなみに put into words は「言葉にする」。I can't really put it into words. で「うまく言葉にできません」という意味になります。

例文 She put in a good word for me with her boss.（彼女が上司に私のことを口添えしてくれた）

TASK **2** Write down! 解答

① (ran) (into)
② (took) things (out) (on) us
③ (for) (some)(reason)
④ (put) (up) (with)
⑤ was (going) (too) (far)
⑥ I (didn't) (know) (which) (way) (to) (turn)
⑦ It (turns) (out)
⑧ (put) (in) a (good) (word) (for) me

TASK 4 Review Quizzes 復習問題

最後に2種類の復習問題に挑戦し、学習を締めくくろう。

1. クイックレスポンス 🔊 388-391

音声に収録されている①〜④の文に続けて、応答になり得るセンテンスをA)-D)から選び、口頭で読み上げよう。
（解答がチャイム音に続けて読まれます。解答の後のポーズで自分でも言ってみましょう。解答とトランスクリプション➡ p.204）

① _____   ② _____   ③ _____   ④ _____

A) I ran into a friend from college, and we ended up talking.
B) Oh, the children are probably fighting for some reason.
C) Red? No way. You always go too far.
D) No, it turns out the trip has been canceled.

2. 和文英訳

⑤〜⑧の日本語に合うよう、英文の下線部に英語を入れよう。（解答➡ p.204。正解の英文は音声も聞いて確認し、ポーズの部分で音読やリピーティングをしましょう）

⑤ あなたの上司に私のことを口添えしてもらえないかしら。

Do you think you could _____ with your boss for me?

⑥ 彼の不平にはもう我慢できない。

I can't _____ his complaining anymore.

⑦ アドバイスが欲しいんだ。この問題をどうしたらいいかさっぱりわからない。

I need advice. I _____ with this problem.

⑧ イライラしてるのはわかるけど、周りの物に当たるのはやめて。

I know you're upset, but don't _____ things around you.

TASK 4 Review Quizzes 解答

1. クイックレスポンス

① **C)**

🔊 388 I would love to paint this room red. — Red? No way. You always go too far.

この部屋を赤に塗りたいの。――赤？　やめてよ。いつもやり過ぎるんだから。

② **B)**

🔊 389 What's all that noise? — Oh, the children are probably fighting for some reason.

あの騒ぎは何？――ああ、たぶん子どもたちが何かの理由でけんかしてるんだろう。

③ **A)**

🔊 390 Why were you so late getting home? — I ran into a friend from college, and we ended up talking.

どうして家に帰るのがこんなに遅くなったの？――大学時代の友達に偶然会って、話し込んじゃったんだ。

④ **D)**

🔊 391 Aren't you going to New York next week? — No, it turns out the trip has been canceled.

来週ニューヨークに行くんじゃないの？――いや、旅行は結局キャンセルになったんだ。

2. 和文英訳

⑤ 🔊 392 Do you think you could put in a good word with your boss for me?

⑥ 🔊 393 I can't put up with his complaining anymore.

⑦ 🔊 394 I need advice. I don't know which way to turn with this problem.

⑧ 🔊 395 I know you're upset, but don't take it out on things around you.

PART 4_Definition Quiz 4

PART 1

PART 2

PART 3

PART 4

PART 5

力試し問題
Definition Quiz 4
英英定義

このPARTで学んだフレーズの意味を英語で説明した「英英定義」のクイズに
挑戦してみましょう。音声に収録されている、英語による「フレーズ定義」を聞
き、それがどのフレーズの定義なのかを答えてください。解答フレーズはチャイ
ム音に続けて読まれます。(解答とトランスクリプション ➡ p.206)

🔊 396

① _____

② _____

③ _____

④ _____

⑤ _____

🔊 397

⑥ _____

⑦ _____

⑧ _____

⑨ _____

⑩ _____

🔊 398

⑪ _____

⑫ _____

⑬ _____

⑭ _____

⑮ _____

🔊 399

⑯ _____

⑰ _____

⑱ _____

⑲ _____

⑳ _____

Answers

トランスクリプションと訳を確認しましょう。わからなかった問題は括弧内の
ページに戻って、フレーズの意味をもう一度確認するようにしましょう。

◀ 396

① When you feel there is too much pressure on you, you can say
   you are stressed out. (➡ p.168)
   過剰なプレッシャーを受けていると感じたとき、あなたは (be) stressed out（スト
   レスで参っている）だと言えます。

② When you expect a bad situation to start getting better, you
   can say, "Things will turn around." (➡ p.168)
   悪い状況が良くなり始めることを予想するとき、Things will turn around.（事態
   は好転する）と言えます。

③ When someone joins your company or becomes a member of
   your team or department, you can say, "Welcome on board."
   (➡ p.169)
   誰かが入社したり、チームや部署のメンバーになったりしたとき、Welcome on
   board.（ようこそ）と言えます。

④ If you disappoint someone or fail to do something for them,
   you can say that you let them down. (➡ p.170)
   誰かをがっかりさせたり、何かをしてあげられなかったりした場合、あなたはその人
   を let down（失望させる）します。

⑤ When a product is available to buy, you can say it is in stock.
   (➡ p.176)
   製品が購入可能な状況のとき、それは in stock（在庫あり）であると言えます。

◀ 397

⑥ When products are bought very quickly, you can say they fly
   off the shelves. (➡ p.177)
   商品が非常に早く買われていくとき、それらは fly off the shelves（飛ぶように売
   れる）と言えます。

⑦ When a product uses the latest technology, you can say it is state-of-the art. (→ p.177)

ある商品に最新技術が使われているとき、それは state-of-the-art（最先端）であると言えます。

⑧ When something becomes popular because people recommend it to one another, it sells by word of mouth. (→ p.178)

人が互いに勧め合うことで、ある物に人気が出ると、それは word of mouth（口コミ）で売れます。

⑨ When you help people to feel at ease at the start of a social occasion, you can say that you break the ice. (→ p.184)

社交の場の始まりで、人がリラックスできるよう助力するとき、break the ice（場の緊張をほぐす、場を温める）すると言えます。

⑩ When you avoid something, you can say you stay away from it. (→ p.185)

何かを避けるとき、それに stay away from（近づかない）と言えます。

🔊 398

⑪ When a situation becomes dangerous or you have problems, you can say you get in trouble. (→ p.185)

事態が危うくなってきたり、問題を抱えていたりする場合、あなたは get in trouble（面倒なことになる）すると言えます。

⑫ When you try to do something but you don't know whether you will be able to do it, you give it a go. (→ p.186)

できるかどうかわからないことをやってみようとするとき、あなたは give it a go（やってみる）します。

⑬ When you do something that isn't pleasant, so you won't have to worry about it anymore, you get it over with. (→ p.192)

これ以上気に掛けなくても済むように、楽しくないことを実行するとき、それを get it over with（さっさと片付ける）すると言います。

⑭ When you choose to be less active in a situation, you can say that you take a back seat. (→ p.193)

ある状況で控えめに行動することを選ぶとき、take a back seat（目立たないようにする）すると言えます。

⑮ When you want to say that something is not making progress, you can use the phrase, "It is not getting anywhere." (→ p.194)

何かが進展していないことを表現したいとき、It is not getting anywhere.（全然うまくいかない）というフレーズを使えます。

🔊 399

⑯ When people do things one after the other, you can say that they take turns. (→ p.194)

人々が次々に何かをするとき、彼らはそれをtake turns（順番で行う）すると言えます。

⑰ When you meet someone you were not expecting to, you run into them. (→ p.200)

会うと思っていなかった人に会うとき、あなたはその人にrun into（ばったり会う）します。

⑱ When you treat someone badly to release your anger, you take it out on them. (→ p.200)

自分の怒りを解消するために誰かをひどく扱うとき、あなたはその人にtake it out on（八つ当たりする）します。

⑲ When someone does something that is beyond what you think they should do, you can say that they go too far. (→ p.201)

誰かが、あなたが思う範囲を超えて何かをするとき、その人はgo too far（やり過ぎている）だと言えます。

⑳ When you say nice things about someone to make someone else think well of them, you put in a good word for them. (→ p.202)

ほかの人がその人のことを良く思うように、誰かについて良いことを言ってあげるとき、あなたはその人のためにput in a good word for（口添えする）します。

力試し問題
Listening Challenge 4
長文リスニング

PART4の総仕上げとして、少し難しいリスニング問題に挑戦してみましょう。ここで聞く長めのモノローグには、このPARTで学んだフレーズが随所にちりばめられています。これらのフレーズは、これまでのTASKを通じて、すでに皆さんの耳と脳にしっかり定着していますから、スピードが速いモノローグの中でも、くっきり浮かび上がって聞こえることでしょう。そうした「お得意フレーズ」を手がかりに、問題を解いてみてください。(トランスクリプション➡p.210、解答➡p.212)

🔊 400

① Who is this message most likely for?
  ⓐ New employees at a company
  ⓑ Newspaper reporters
  ⓒ Managers attending a meeting

② What is the main topic of this message?
  ⓐ New state-of-the-art products
  ⓑ Health and safety in the workplace
  ⓒ Hiring process of the company

③ How can employees contact the Health Center?
  ⓐ By asking their boss to introduce them.
  ⓑ By filling in a form on the company website.
  ⓒ By calling the number at the bottom of the message.

Transcript

トランスクリプションを確認しましょう。オレンジ色の網掛け部分が PART 4 で学んだフレーズ、下線部が設問の解答につながる箇所です。

To All Employees

🔊 400

  Padolytics Inc. would like to **welcome on board** all of our new employees. No matter what you **majored in** or what your position is with our company, we hope that as you **learn the ropes** creating and building our **state-of-the-art** products, you will always feel at home.

  Two things that Padolytics will never **cut corners** on are product quality and employee happiness. That includes health and safety. We believe your work should never **take a back seat** to your health. You are the most important part of this company, and your happiness is our happiness.

  Stress is a major problem for workers in any company. Anyone can **be stressed out** at work, and everyone experiences stress differently. It happens to almost everyone. And when employees feel stressed or unhappy, they sometimes **don't know which way to turn**. **More often than not**, people experiencing stress **put up with** their feelings of unhappiness, believing that it is a personal problem. They believe that in time **things will turn around**. This may even be true. But if you let stress **go too far**, it can lead to much larger problems, including health issues. And that isn't good for anyone.

  Padolytics will be happy to help you talk to an expert, and we will never give anyone the private details of your problem. There isn't even any need to inform your boss. Just use the "Health Center" phone number at the end of this document. Calls to the Health Center are not reported to management and are always kept private. And if you do tell your boss, we promise you will never **get in**

trouble for reporting a health problem.

If **for some reason** you **run into** a safety issue at work, we also ask that you report it to someone as soon as possible. The "Work Safety" number below can be called at any time to report problems or dangers that you feel are not being solved properly.

At Padolytics we believe that employee trust shouldn't **be hard to come by**. But it does have to be earned.

Translation 訳とクイズの答えを確認しましょう。

従業員各位

　パドリティクス社は、すべての新入社員の入社を歓迎したいと思います。皆さんの専攻や、当社でのポジションにかかわらず、わが社の最先端の製品の創造と製造のコツをつかむうちに、常にリラックスした状態でいられるようになることを期待しています。

　パドリティクス社が決して手を抜かない2つのこと、それは製品の品質と従業員の満足です。それは健康と安全も含みます。わが社は、仕事が健康の二の次になるようなことがあってはいけないと考えています。皆さんはこの会社の大事な一部です。皆さんの幸せは、わが社の幸せです。

　どんな会社でも、ストレスは労働者の大きな問題です。職場で、ストレスで参ってしまう可能性は誰にでもあり、ストレスの感じ方はみな違います。ほとんど誰もが経験することです。そしてストレスや不満を感じた従業員は時にどうしたらいいかまったくわからなくなってしまうことがあります。ストレスを感じている人はたいてい、それを個人的な問題だと思って、不快な感情を我慢してしまいます。そのうち状況も良くなるだろうと思っています。これも実際、真実かもしれません。しかし、もしストレスが行き過ぎたら、それは健康問題を含めて、もっと大きい問題を引き起こすこともあります。それは誰のためにもなりません。

　パドリティクス社は、あなたが専門家に相談することを喜んでサポートします。そして、あなたが抱える問題の個人的な詳細情報は、決して誰にも漏らしません。上司に知らせる必要すらありません。ただ、この文書の最後にある「ヘルス

センター」の電話番号をご利用ください。ヘルスセンターへの電話が経営陣に報告されることはありませんし、常に内密にします。上司に打ち明けるときは、健康上の問題を報告することであなたが面倒に巻き込まれることのないようにするとお約束します。

　もし何らかの理由で仕事中に安全性の問題に遭遇したら、誰かに至急報告するようお願いします。適切に解決されていないと思われる問題や危険を報告していただくため、下記の「労働安全課」の番号で、いつでも電話を受け付けています。

　パドリティクス社では、従業員の信頼は手に入れにくいものであってはならないと考えています。ただし、それは獲得されるべきものなのです。

長文リスニングの解答と問題文・選択肢の訳

① このメッセージは誰に向けたものだと考えられますか？
　ⓐ会社の新入社員　ⓑ新聞記者　ⓒ会議に出席しているマネージャー

② このメッセージの中心的な話題は？
　ⓐ新しい最先端の製品　ⓑ職場での健康と安全　ⓒ会社の採用プロセス

③ 従業員はどのようにヘルスセンターに連絡できる？
　ⓐ上司に紹介してくれるように頼む。　ⓑ会社のウェブサイトにあるフォームに記入する。
　ⓒメッセージの最後にある番号に電話する。

PART 5

プロジェクトの計画・立ち上げ

最後の PART は、グローバルな IT 企業の
プロジェクトの計画と立ち上げがテーマです。
企画の検討、支社への訪問、現場の視察など、
国際的なビジネスの雰囲気を味わいながら
少し現代的なフレーズを学んでみましょう

MP3
File List

PART 5
プロジェクトの計画・立ち上げ

UNIT 21 プロジェクトの計画・立ち上げ ①問題点を確認

「これは何とかしなければ」

イギリスに本拠を置くインターネットサービス会社のマネージャー、ニール
は、ワルシャワにあるデータセンターに出張で来ています。このデータセン
ターは、ある問題を抱えていました。

TASK 1 Listen! まずは聞いてみよう 🔊 401-403

まずはこれから学習するフレーズを含んだ会話例を聞いてみよう。下記のポイン
トを聞き取るつもりで、集中して挑もう。(解答例➡ p.217下)

Point 1 パウェルはニールの出張のために何をした? _____

Point 2 機械の配置は、何が問題? _____

Point 3 冷却装置 (cooling unit) を足せないのはなぜ? _____

(TASK **2**) **Write down!** 書き取ろう

トランスクリプションを確認しながら、もう一度会話を聞こう。下線部は TASK1
のカギとなる部分です。また、フレーズ部分を聞き取って、空欄を埋めてみよう。
（解答➡ p.220）

Scene 1　Neil: Hi Pawel. Nice to see you again.

🔊 401　Pawel: Great to see you too, Neil. Thanks for coming.

　　　N: Thanks for making the arrangements.

　　　P: How's the hotel? Did you sleep OK?

　　　N: ①(L　　) a (b　　)! So, what's ②(f　　) (u　)?

Scene 2　P: This is the equipment I was telling you about last week.

🔊 402　　There's hardly room to sit down in here. The place ③is
　　　(j　-p　　).

　　　N: Holy smoke! I see what you mean. We've got to do
　　　something about this.

　　　P: Yeah, exactly. The operations team ④are (u　) (i　)
　　　(a　　) over it.

　　　N: I bet. ⑤It's (a　) (a　　　) (w　　) (t　) (h　　).

Scene 3　P: And in summer we ⑥(s　　　) (w　) cooling

🔊 403　　because the machines are all so close together.

　　　N: Can you add more cooling units?

　　　P: Not with this power set-up. ⑦We're already (t　　ing)
　　　its (l　　). I worry about what would happen in a
　　　fail-over situation.

　　　N: Sure. And ⑧we (c　) (a　　) (t　) ignore that
　　　possibility.

会話の訳

Scene 1 ニール：こんにちは、パウェル。また会えてうれしいよ。

パウェル：私も会えてうれしいです、ニール。来てくれてありがとう。

ニ：いろいろと手配してくれてありがとう。

パ：ホテルはどうですか？　よく寝られました？

ニ：ぐっすりとね！　それで最初にやることは何？

Scene 2 パ：これが先週、私がお話ししていた設備です。ここには座るスペースもほとんどありません。ここはぎゅうぎゅう詰めです。

ニ：こりゃすごい！　なるほどね。何とかしないとな。

パ：ええ、そうなんです。オペレーション・チームもこの問題についてはすごく怒っています。

ニ：そうだろうね。いつ事故が起こってもおかしくない状況だからな。

Scene 3 パ：しかも夏は冷却に苦労します、すべての機器が密集しているものですから。

ニ：冷却装置を足すことはできないの？

パ：今の電源設備ではダメですね。すでに限界に挑んでいる状況です。フェイルオーバー＊が必要な事態になったらどうなるか心配です。

ニ：うん。その可能性を見過ごすわけにはいかないな。

＊フェイルオーバー…サーバーに障害が発生した際に、代替のサーバーにデータや処理を引き継ぐこと

TASK 1 Listen! 解答例

Point 1 滞在のための手配をした。

Point 2 機器が密集している。

Point 3 電源設備が限界に近いから。

TASK 3 Check & Read Aloud! 確認と音読

TASK2で書き取ったフレーズに関する知識を深めよう。さらに音声に収録されている例文を聞き、ポーズのところで音読してみよう。慣れてきたら文字を見ずに、聞こえてきた音声をまねて言ってみよう。

404 ① sleep like a baby Ⓒ ぐっすり寝る

解説 sleep like a babyで「ぐっすり眠る」という定型表現です。「赤ん坊のように」というたとえそのままのイメージですね。I had a very good sleep.、I slept really well.と同じ意味になります。「あまり眠れなかった」ならI couldn't sleep well.、「昨夜は全然寝られなかった」ならI barely slept last night.のように表現できます。

例文 Jamie will sleep like a baby after working 30 hours straight on that job.（あの仕事で30時間ぶっ続けで働いた後だし、ジェイミーはぐっすり眠るでしょう）

405 ② first up Ⓒ 優先事項、最初にやること

解説 first up はイギリスやオーストラリアで使われている口語表現で、What's first up? は「まず最初にすべきことは何?、手始めに何をやろうか?」というような意味です。標準英語であればWhere shall we start?と言うところです。First up, ... のように使うと、「まず最初に…」という導入表現になります。

例文 First up in today's meeting is the delivery issue in Bangalore.（今日の会議の最初の議題は、バンガロールでの配送に関する問題ですね）

406 ③ (be) jam-packed Ⓝ
ぎゅうぎゅう詰めの、ぎっしりの、いっぱいの、ひどく混んでいる

解説 jam は「無理やり押し込む」、pack は「詰め込む」なので、be jam-packed は「ぎゅうぎゅうに詰め込まれた」ということ。場所についてだけではなく、時間についても使えます。例：My schedule is jam-packed.（スケジュールがぎっしりだ）。満員電車は jam-packed trains と表現できますが、これは、sardine-packed trains と言っても同じです。「イワシの缶詰みたいにぎゅうぎゅうに詰め込まれた」というイメージですね。

例文 The office is jam-packed with boxes. It's dangerous!（オフィスが箱でいっぱいだ。危ないよ!）

【 シチュエーションマークについて 】

見出しの後についている © Ⓝ Ⓟ の3つのマークは、フレーズの丁寧さのレベルを表しています。ビジネスでは場面にふさわしい表現を使うことが大切です。フレーズを選ぶ際の参考にしましょう。

© **Colloquial** カジュアルな口語表現。会話で使います。

Ⓝ **Neutral** ニュートラルな表現。会話、文章で使います。

Ⓟ **Polite** 丁寧な表現。フォーマルな会話、文書で使います。

🔊 407 ④ (be) up in arms Ⓝ ひどく怒っている、戦闘準備ができている

解説 be up in arms の arms は「武器」という意味で、このフレーズは、「武器を手に取って戦う準備をしている」ということから、「戦う気満々である」、または、「ひどく怒っていてキレる寸前である」「憤慨している」という意味で使われます。

例文 The union know the policy changes aren't legal; they're up in arms over it. （組合は方針の転換が非合法であることを知っている。彼らはそのことについて戦う構えである）

**🔊 408 ⑤ an accident waiting to happen Ⓝ
いつ事故になってもおかしくない**

解説 事故が「起こるのを待っている」、つまり「いつ事故が起こってもおかしくない状態」を表すフレーズです。accident は「偶然」という意味でもよく使われます。例：I came across the book by accident, but it changed my life forever. （この本には偶然出合ったのですが、これは私の人生をすっかり変えてしまいました）。

例文 Those cables running across the carpet to Steve's desk are an accident waiting to happen. （カーペットの上を横切ってスティーブの机につながっているケーブルは、いつ事故になってもおかしくない）

🔊 409 ⑥ struggle with ~ Ⓝ ～に取り組む、～と格闘する、～に苦労する

解説 難題や難問に取り組むことを struggle with ~ と言います。例えば、We are struggling with using the new operating system.（新しい OS と格闘中だよ）のように言います。ただ、そんなに面倒な問題でなくても struggle with ~ を使うこともあり、その場合は work on ~ とほとんど同じ意味になります。

例文 There's no need to struggle with that on your own. （君がそれに関して独りで奮闘する必要はありません）

410 ⑦ test its limits Ⓝ 限界を試す、限界点を探る

解説 limits は「限度、限界」という意味で、I know my limits.（自分の限界は知っている＝力量はわきまえている）とか、I have my limits.（私にも限界がある＝許容できる限度がある）など、いろいろな使い方ができます。test its limits は「その限界を試す」、つまり、「どこまでならOKか限界点を探る」ということです。

例文 They've left the engine running for days, so they're testing its limits. （彼らはエンジンを何日もかけっぱなしにした。それでその限界を試しているのだ）

411 ⑧ can't afford to ~ Ⓝ
〜するわけにはいかない、〜する余裕はない

解説 afford は「（経済的、金銭的に）余裕がある」で、I can't afford (to buy) a new car. で「新車を買う余裕はない」ですが、can't afford to ~ は、「（そうすると良くない事態になるので）〜するわけにはいかない、〜する余裕はない」という意味でも使われます。I can't afford to waste any more time.（これ以上時間を無駄にするわけにはいかない）、We can't afford to lose this game.（この試合に負けるわけにはいかない＝絶対勝たないと）のように使います。

例文 We just can't afford to lose this contract. （この契約を失うわけにはいきません）

TASK**2** **Write down! 解答**

① (Like) a (baby)
② (first) (up)
③ is (jam-packed)
④ are (up) (in) (arms)
⑤ it's (an) (accident) (waiting) (to) (happen)
⑥ (struggle) (with)
⑦ We're already (testing) (its) (limits)
⑧ we (can't) (afford) (to)

TASK 4 Review Quizzes 復習問題

最後に2種類の復習問題に挑戦し、学習を締めくくろう。

1. クイックレスポンス 🔊 412-415

音声に収録されている①〜④の文に続けて、応答になり得るセンテンスを A)-D)
から選び、口頭で読み上げよう。

（解答がチャイム音に続けて読まれます。解答の後のポーズで自分でも言ってみま
しょう。解答とトランスクリプション ➡ p.222）

① _____ ② _____ ③ _____ ④ _____

A) I sure did. I'm going to sleep like a baby tonight.
B) Well, first up, we need to discuss the project.
C) It's jam-packed.
D) There are one or two things I'm struggling with. But, yes.

2. 和文英訳

⑤〜⑧の日本語に合うよう、英文の下線部に英語を入れよう。（解答 ➡ p.222。
正解の英文は音声も聞いて確認し、ポーズの部分で音読やリピーティングをしま
しょう）

⑤ この安物の棚は、いつ事故になってもおかしくない。
These cheap shelves are _____ .

⑥ あの試験には、とにかく失敗するわけにはいかない。
I just _____ fail that exam.

⑦ ペニーは本当に、上司に対してどこまでやっていいか限界を試しているみた
いだね。
Penny is really _____ with the boss, isn't she?

⑧ こんな小さいことでいきり立つのはよしなさい。
Don't get _____ over something minor like this.

プロジェクトの計画・立ち上げ

TASK **4** **Review Quizzes** 解答

1. クイックレスポンス

① **C)**

🔊 412 What's this restaurant like on the weekend? — It's jam-packed.

このレストランは、週末はどんな感じ?――すごく混んでるわよ。

② **A)**

🔊 413 So did you have a good walk in the mountains? — I sure did. I'm going to sleep like a baby tonight.

で、山でのハイキングは楽しめた?――すごく楽しんだわ。今夜はぐっすり眠れそうよ。

③ **D)**

🔊 414 Are you doing well in your new job? — There are one or two things I'm struggling with. But, yes.

新しい仕事ではうまくやっていますか?――いくつか苦労していることはあります。でも、うまくやっています。

④ **B)**

🔊 415 What are we talking about today? — Well, first up, we need to discuss the project.

今日は何について話し合いますか?――まあ、まずは、この計画について議論しなければいけません。

2. 和文英訳

⑤ 🔊 416 These cheap shelves are an accident waiting to happen.

⑥ 🔊 417 I just can't afford to fail that exam.

⑦ 🔊 418 Penny is really testing her limits with the boss, isn't she?

⑧ 🔊 419 Don't get up in arms over something minor like this.

① 問題点を確認

UNIT 22　プロジェクトの計画・立ち上げ　②問題を検討

「建設候補地は……」

ニールと、ワルシャワ支社マネージャーのパウェルは、データセンターの問題を解決するために、別の支社のマネージャーであるマルコに相談します。マルコは自社の取り組みをパワーポイントで説明しました。

TASK 1　Listen!　まずは聞いてみよう　　🔊 420-422

まずはこれから学習するフレーズを含んだ会話例を聞いてみよう。下記のポイントを聞き取るつもりで、集中して挑もう。(解答例➡ p.225下)

Point 1 パワーポイントのスライドはどこに置いてある？ _____

Point 2 マルコが事例として挙げた支社はどの都市にある？ _____

Point 3 彼らにとって次のステップは何？ _____

プロジェクトの計画・立ち上げ

TASK **2** **Write down!** 書き取ろう

トランスクリプションを確認しながら、もう一度会話を聞こう。下線部はTASK1のカギとなる部分です。また、フレーズ部分を聞き取って、空欄を埋めてみよう。（解答⇒ p.228）

Scene 1
🔊 420

Marco: First of all, I'd like to ① (r   ) (th   ) the different options.

Neil: That sounds great. Will we have access to these slides later?

M: Yes, they're on the shared drive.

N: Excellent, thanks!

Scene 2
🔊 421

Pawel: So, you were saying much of what we need is already ② (i   ) (p   ) in Milan?

M: That's right. Naturally, I'd like to see a brand new data-center on my own patch, but there's ③ a (s   ) (b   ) (c   ) to develop here, too.

N: ④ (Th   ) (n   ) (d   ) (a   ) (i   ), Milan ⑤ has a lot (i   ) its (f   ).

P: It's difficult to argue with that!

Scene 3
🔊 422

N: It seems ⑥ (w   ) all (o   ) (th   ) (s   ) (p   ) with this. What are the next steps?

M: We used some ⑦ (r   ) (f   ) to prepare a high-level approach. We'll need to firm them up, then start the detailed planning.

N: Sounds great. And don't forget to pull in any staff you need from Warsaw. I'd like us all to be completely ⑧ (j   -u   ) on this.

P: Certainly. Anything you need, just ask.

②問題を検討

会話の訳

Scene 1
マルコ：まずはいろいろな選択肢を一通り説明したいと思います。

ニール：いいね。このスライドは後で入手することはできますか？

マ：ええ、共有ドライブに置いてありますから。

ニ：バッチリだね、ありがとう！

Scene 2
パウェル：つまり、私たちに必要なことのほとんどは、ミラノではすでに導入されているということ？

マ：そのとおりです。当然ながら自分の管轄している場所に新しいデータセンターができるのを見たいというのもあるけれど、ここの開発には投資すべき十分な根拠もあるはずです。

ニ：それは確かだ、ミラノには有利な点がたくさんある。

パ：それに異を唱えるのは難しいね！

Scene 3
ニ：これについては全員が同じ認識を持っているようだね。次のステップは？

マ：ハイレベルなアプローチの準備のためにおおまかな数字を使ったんです。その数字を固めてから詳細な計画立案に進む必要があります。

ニ：いいね。それと、必要な人員がいればワルシャワから引っ張ってくるようにね。この件については全員が完全に連携するようにしたいんだ。

パ：もちろんです。必要なものがあれば言ってください。

TASK 1 Listen! 解答例

Point 1 共有ドライブ。

Point 2 ミラノ。

Point 3 おおまかだった数字を固めてから、詳細な計画を立案する。

TASK 3 Check & Read Aloud! 確認と音読

TASK2で書き取ったフレーズに関する知識を深めよう。さらに音声に収録されている例文を聞き、ポーズのところで音読してみよう。慣れてきたら文字を見ずに、聞こえてきた音声をまねて言ってみよう。

🔊 423 ① run through ~ Ⓝ
～を一通り説明する、ざっと確認する、急いで読む

解説 run through は文字通り「走り抜ける」という意味もありますが、「急いで目を通す、ざっと確認する、一通り説明する」という意味でも使われる句動詞です。ちなみに walk through なら「一つ一つ丁寧に説明する」ということです。

例文 I'd like to run through the main points for next week's business trip with you. (あなたと一緒に、来週の出張の要点についてざっと確認したいのですが)

🔊 424 ② in place Ⓝ
所定の位置にある、準備が整っている、導入／実施されている

解説 in place は「所定の場所に」。「正しい所に存在している」、すなわち「(いつでも使えるように)準備が整っている」という意味でも使われます。例：Everything is in place for the party. (パーティーの準備はすべて整っている)。また、「導入／実施されている」という意味にもなります。例：The new policy will be in place by the end of this year. (新しい政策は今年の終わりまでに導入されるだろう)。

例文 If you hold the picture in place, I'll fix it to the wall. (所定の位置に絵を掲げてくれれば、私が壁に固定してあげるよ)

🔊 425 ③ (a) strong business case Ⓝ
説得力のある投資対効果検討書、投資すべき根拠

解説 business case は「投資対効果検討書」と訳され、事業投資の評価に必要な情報(内容や目的、収益予測、リスク分析など)を整理した資料のことです。have a strong business case は、「投資するべき客観的な根拠が十分にある、ビジネスで十分に勝てる条件がある」というような意味で使われます。

例文 We need a really strong business case if we're going to go with this option. (この選択肢を取るのであれば、説得力のある投資対効果検討書が必要です)

Ⓒ **Colloquial** カジュアルな口語表現。会話で使います。
Ⓝ **Neutral** ニュートラルな表現。会話、文章で使います。
Ⓟ **Polite** 丁寧な表現。フォーマルな会話、文書で使います。

🔊 426 ④ There's no doubt about it. Ⓝ
疑いの余地はない。それは確かだ。間違いない。

解説 doubt(疑う)の b は silent b、すなわち発音をしない b です。There's no doubt about it. は、「そこには疑う余地がない」、すなわち「まったくそのとおりだ」という決まり文句になります。There's を省いて No doubt about it. とも言えます。

例文 There's no doubt about it, hiring more sales clerks has increased our sales. (間違いない、店員を増やしたことで当社の売り上げは増加したのだ)

🔊 427 ⑤ in its favor/in one's favor Ⓝ
～に有利で(に)、～に好都合で(に)

解説 favor は名詞で「利益」とか「味方」という意味なので、in its/one's favor は「～に有利なように、～に都合の良いように」という意味になります。have a lot in one's favor は、「たくさんの利点がある」という意味になります。The odds/chances are in your favor. とすれば、「勝算は君にある、形勢は君に有利だ」ということです。

例文 It's clearly not the best option. There's nothing in its favor. (それは明らかにベストな選択ではありません。利点がまったくありません)

🔊 428 ⑥ (be) on the same page Ⓒ
共通認識を持つ、同じ考えを持っている

解説 「同じページの上にいる」というのはつまり、「同じ認識を持っている」ということ。Are we on the same page? で、「皆の認識は合っていますか?」という意味になります。似たような表現で、be in the same boat というのがあります。これは「同じ船に乗っている」、つまり「みんな同じ境遇である」とか「運命共同体である」という意味。たいてい良くない状況にあるときに使います。

例文 I'm glad we're on the same page. (皆の認識が同じだとわかって良かった)

◀ 429 ⑦ rough figures Ⓒ 概算、おおまかな数字、おおよその額

解説「rough ＝粗い」、「figure ＝数字」という意味からも類推できますが、「正確ではないおおよその数字」という意味の表現です。Give me some rough figures. で「概算でいいから教えて」という意味になります。rough estimate と言っても同じ。アメリカでは ballpark figure という面白い表現も使われます。ballpark は「野球場」。ずばり的中していなくても、野球場の範囲内に入っていればいい、ということから「だいたいの数字」という意味になるのでしょう。What's the ballpark figure/estimate? で、「だいたいの数字は？」ですが、What's the ballpark? だけでも通じます。

例文 We've put together some rough figures but they'll need a little more work.（すでにおおまかな数字はまとめましたが、もう少し詰める必要があります）

◀ 430 ⑧ (be) joined-up Ⓒ 結束する、提携する、うまく連携する

解説 join up は「参加する」といった意味で、be joined-up は「結束する、力を合わせる」という意味になります。join（参加する、加わる）という動詞のイメージから類推しやすいですね。I'd like everyone to be joined-up on this.（この件ではみんなに結束してほしいんだ）のように使います。

例文 Even though they speak different native languages and work several thousand kilometers apart, our teams in India and the Czech Republic are completely joined-up.（違う母語を話し、何千キロも離れて働いていますが、わが社のインドとチェコのチームは完全に連携が取れています）

TASK 2 Write down! 解答

① (run) (through)
② (in) (place)
③ a (strong) (business) (case)
④ (There's) (no) (doubt) (about) (it)
⑤ has a lot (in) its (favor)
⑥ (we're) all (on) (the) (same) (page)
⑦ (rough) (figures)
⑧ (joined-up)

TASK **4** Review Quizzes 復習問題

最後に2種類の復習問題に挑戦し、学習を締めくくろう。

1. クイックレスポンス 🔊 431-434

音声に収録されている①〜④の文に続けて、応答になり得るセンテンスを A)-D) から選び、口頭で読み上げよう。

（解答がチャイム音に続けて読まれます。解答の後のポーズで自分でも言ってみましょう。解答とトランスクリプション➡p.230）

① _____ ② _____ ③ _____ ④ _____

A) I think so. It has a lot in its favor.
B) Good. We should all be on the same page now.
C) Let me do some rough figures, and I'll get back to you.
D) As soon as all our offices are joined-up.

2. 和文英訳

⑤〜⑧の日本語に合うよう、英文の下線部に英語を入れよう。（解答➡p.230。正解の英文は音声も聞いて確認し、ポーズの部分で音読やリピーティングをしましょう）

⑤ 君と一緒にいくつかのアイデアについてざっと確認したいんだ。

I need to _____ some ideas with you.

⑥ これは最高にお買い得ですよ、間違いありません。

This is the best value for money, _____ .

⑦ 投資家の注意を引くためには説得力のある投資対効果検討書がなくてはいけない。

You need to have _____ to get investors' attention.

⑧ 会議の準備はすべて整っているので、後はただみんなが来るのを待つだけだ。

Everything's _____ for the meeting and now we just have to wait for everyone to arrive.

TASK **4** **Review Quizzes** 解答

1. クイックレスポンス

① D)

🔊 431 When will we start the new program? — As soon as all our offices are joined-up.

新しいプログラムはいつ始めますか？──すべての事務所がうまく連携できたらすぐに。

② A)

🔊 432 Do you think you'll choose the bigger hotel? — I think so. It has a lot in its favor.

あなたなら大きい方のホテルを選ぶ？──そうだね。そっちには利点がたくさんあるよ。

③ C)

🔊 433 What are our losses going to be? — Let me do some rough figures, and I'll get back to you.

損失はどれくらいになりそう？──ざっと計算してみて、また連絡します。

④ B)

🔊 434 I think we've covered all the major issues. — Good. We should all be on the same page now.

主要な問題はすべて取り上げました。── 結構ですね。今は全員が共通認識を持てているはずです。

2. 和文英訳

⑤ 🔊 435 I need to run through some ideas with you.

⑥ 🔊 436 This is the best value for money, there's no doubt about it.

⑦ 🔊 437 You need to have a strong business case to get investors' attention.

⑧ 🔊 438 Everything's in place for the meeting and now we just have to wait for everyone to arrive.

UNIT 23　　プロジェクトの計画・立ち上げ　③建設予定地を訪問

「アクセスがいい場所ですよ」

ニールは、新しいデータセンターの建築予定地があるミラノに飛びます。
今回の出張はマルコが手配をしてくれました。2人はさっそく現地に向かい
ます。

TASK 1　Listen!　まずは聞いてみよう　　　🔊 439-441

まずはこれから学習するフレーズを含んだ会話例を聞いてみよう。下記のポイン
トを聞き取るつもりで、集中して挑もう。（解答例➡ p.233 下）

Point 1　建設予定地はどんな所にある？＿＿＿＿＿＿＿＿＿＿＿＿＿＿＿

Point 2　マルコは、地元のコミュニティーは何を歓迎すると言っている？＿＿＿＿

Point 3　パウェルはいつミラノに行く？＿＿＿＿＿＿＿＿＿＿＿＿＿＿＿＿

プロジェクトの計画・立ち上げ

TASK 2 Write down! 書き取ろう

トランスクリプションを確認しながら、もう一度会話を聞こう。下線部は TASK1 のカギとなる部分です。また、フレーズ部分を聞き取って、空欄を埋めてみよう。（解答➡ p.236）

Scene 1 🔊 439

Marco: Hi Neil. How's it going?

Neil: Great, thanks! The trip was very smooth.

M: Good stuff. ① Shall we (h   ) (s   ) (o   )?

N: Sure, ② let's (h) (th) (g   ) (r   )!

Scene 2 🔊 440

N: So this is it! Our new data center location.

M: Yup! ③ (A   ) (y   ) (c   ) (s   ), it's quiet and ④ (o   ) (o   ) (th   ) (w   ) but easy to access from the main road and railway station.

N: Perfect. It's lovely countryside, isn't it?

M: Yeah, it's beautiful. Almost a shame to build here, really. But new jobs will ⑤ (g   ) (d   ) (w   ) with the local community.

Scene 3 🔊 441

Pawel: Hi Neil. Thanks for calling back. I just wondered how the visit went today.

N: No problem. It went really well, actually. It's a great location. You should come down and see it some time, share your ideas on the plans.

P: That'd be great actually. I was thinking of ⑥ (s   ing) (b   ) at the end of the month. I have to come down to discuss how we're going to start moving services with Marco.

N: It seems ⑦ he's got (h   ) (h   ) (f   ) with everything we're doing here, but I'm sure ⑧ he'll be (p   ) (t) see you.

会話の訳

Scene 1　マルコ：こんにちは、ニール。調子は？

ニール：上々だよ、ありがとう！　ここまでの旅はすごく楽だったし。

マ：良かった。すぐに出発しましょうか？

ニ：そうだね、直ちに取り掛かろう！

Scene 2　ニ：なるほど、ここなんだね！　うちの新しいデータセンターの建設地は。

マ：そう！　ご覧のとおり、静かで人里離れた場所にありますが、幹線道路や鉄道の駅からはアクセスしやすいですよ。

ニ：完璧だね。すてきな田園地帯じゃないか。

マ：ええ、きれいですね。ここに建設するのは気がとがめるくらいです、本当に。でも新しい働き口が増えることは、地元のコミュニティーにも良く受け止められるでしょう。

Scene 3　パウェル：どうも、ニール。折り返し電話をくれてありがとう。今日の訪問はどうだったかと思って。

ニ：どういたしまして。いや、すごくうまくいったよ。素晴らしい場所だ。いつか、ここに来て見てみるといいよ、この計画について君の考えを聞かせてほしい。

パ：それは本当にいいですね。今月末にそちらに立ち寄るつもりだったんです。サービスをどう移管し始めるかをマルコと話し合うために行かなければいけないので。

ニ：彼はここでやっていることすべてで手いっぱいのようだけど、きっと君に会えたら喜ぶだろう。

TASK 1　Listen! 解答例

Point 1　静かで人里離れてはいるが、交通の便は良い所。

Point 2　働き口が増えること。

Point 3　今月末。

TASK 3 Check & Read Aloud! 確認と音読

TASK2で書き取ったフレーズに関する知識を深めよう。さらに音声に収録されている例文を聞き、ポーズのところで音読してみよう。慣れてきたら文字を見ずに、聞こえてきた音声をまねて言ってみよう。

◀ 442 ① head straight out ⓒ すぐに出発する

解説 head out だけで「出発する」という意味ですが、ここに straight が加わって「すぐに出発する」ということになります。head straight off と言っても同じ。off や out は「今いる場所から離れる」という意味で使われています。

例文 We have a lot of branches to visit today, so let's head straight out.（今日はたくさんの支店を訪れることになっているから、すぐに出発しよう）

◀ 443 ② hit the ground running Ⓝ
直ちに取り掛かる、しっかり取り組む

解説 hit the ground running は文字通りの「走りながら着地する、着地するやいなや走り出す」というイメージから、「首尾よく仕事に着手する」という意味で使われる慣用表現です。また「最初から全力で取り組む」というような意味合いもあります。「さっそく取り掛かろう」なら Let's hit the ground running.。Let's get on with it. と言っても同じです。

例文 She wasted no time and hit the ground running.（彼女は時間を無駄にせず、直ちに仕事に取り掛かった）

◀ 444 ③ as you can see Ⓝ 見てのとおり、おわかりのように

解説 このフレーズは文字通り、「見てのとおり」という意味で使います。ただ、see は「見る」だけでなく「わかる」という意味もあるので、状況によっては「おわかりのように」という感じでも使えます。「〜を見ればおわかりのとおり」は、As you can see from/on/in 〜 のように続けます。例：As you can see in the picture, the hotel is surrounded by beautiful tropical gardens.（写真を見ればおわかりのとおり、当ホテルは美しい熱帯植物の庭に囲まれています）。

例文 As you can see, we've not yet found the best way to arrange things.（ご覧のとおり、まだベストな整理方法が見つかっていないんです）

© **Colloquial** カジュアルな口語表現。会話で使います。
Ⓝ **Neutral** ニュートラルな表現。会話、文章で使います。
Ⓟ **Polite** 丁寧な表現。フォーマルな会話、文書で使います。

◀ 445 ④ (be) out of the way ©
人里離れている、辺鄙な所にある、閑静な所にある、

解説 この way は「道」。out of the way は「道を外れている」というイメージから、「人通りの少ない、辺鄙な」という意味になります。形容詞1語で言えば remote。ちょっと遠くて立地が不便な場所を an out-of-the-way place と表します。

例文 I know a little place that's out of the way. Let's go there. (閑静な所にある小さなお店を知っていますよ。行きましょう)

◀ 446 ⑤ go down well Ⓝ 受け入れられる、気に入られる、評価される

解説 go down well は「受け入れられる」「良く評価される、気に入られる」という意味。go down well with ~ で「~に受ける、~に受け入れられる」となります。例：Moving to a new building went down well with everyone in the office. (新しい建物への引っ越しはオフィスのみんなに喜ばれた)。よく否定形で使われ、「受けない、評判が良くない」という意味になります。

例文 This will impact year-end reporting. It won't go down well with the accounts team. (これは年末の財務報告に影響を与えるでしょう。会計チームには受け入れられないでしょうね)

◀ 447 ⑥ stop by Ⓝ 立ち寄る

解説 stop by は「立ち寄る」。例えば、I will stop by your office on my way to the airport. (空港に行くついでに、あなたの会社に立ち寄るよ) のように使います。「ほかの用事のついでに立ち寄る」というニュアンスがあるので、そこに行くこと自体が目的の場合は、I'll visit your office tomorrow. や、I'll come by your office tomorrow. とします。

例文 Ah, we have these books for you to collect so I'm glad you could stop by. (ああ、あなたに持って行っていただきたい本があったので、立ち寄っていただけて良かったです)

🔊 448 ⑦ have one's hands full Ⓒ **忙しくて手いっぱいだ、多忙である**

解説 日本語の「(忙しくて)手いっぱい」とほとんど同じ感覚で使えるのが have one's hands full です。これは be all tied up と同じ意味で、要は、be too busy (忙し過ぎる)ということ。Could you give me a hand?(ちょっと手を貸してくれる?)と聞かれて手伝えないときに、Sorry, I have my hands full right now.(ごめん、今手いっぱいなんだ)と答えることができます。ちなみに会話例では he's got his hands full となっていますが、この has(have) got は have と同じ意味の口語表現です。

例文 I'm not surprised he hasn't called us back yet. I think he has his hands full. (彼が電話をかけ直してこないのも当然だ。仕事で手いっぱいなんだろう)

🔊 449 ⑧ (be) pleased to ~ Ⓝ
～できてうれしい／光栄だ、喜んで～する、謹んで～する

解説 会話例の He'll be pleased to see you.(君に会えたら喜ぶ)は文字通り「～できてうれしい」ですが、be pleased to ~ は丁寧表現の一種としてビジネスで広く使われます。例えば、We would be most pleased to have you as a guest. (ゲストとしてお迎えできれば誠に光栄です)、We're pleased to inform you that your order has been shipped.(ご注文の品を発送したことを謹んでお知らせします)のような感じです。

例文 If there's anything at all I can do, I'll be pleased to help you. (何か私にできることがありましたら、喜んでお手伝いいたします)

TASK 2 | **Write down! 解答**

① Shall we (head) (straight) (out)
② let's (hit) (the) (ground) (running)
③ (As) (you) (can) (see)
④ (out) (of) (the) (way)
⑤ (go) (down) (well)
⑥ (stopping) (by)
⑦ he's got (his) (hands) (full)
⑧ he'll be (pleased) (to)

TASK 4 Review Quizzes 復習問題

最後に2種類の復習問題に挑戦し、学習を締めくくろう。

1. クイックレスポンス ◀ 450-453

音声に収録されている①～④の文に続けて、応答になり得るセンテンスを A)-D) から選び、口頭で読み上げよう。

（解答がチャイム音に続けて読まれます。解答の後のポーズで自分でも言ってみましょう。解答とトランスクリプション➡ p.238）

① _____　② _____　③ _____　④ _____

A) Yeah, he really hit the ground running.
B) Maybe, but isn't it a little out of the way?
C) You should stop by our place one day. She'd be glad to see you too.
D) I doubt it. She really has her hands full.

2. 和文英訳

⑤～⑧の日本語に合うよう、英文の下線部に英語を入れよう。（解答➡ p.238。正解の英文は音声も聞いて確認し、ポーズの部分で音読やリピーティングをしましょう）

⑤ 彼の冗談は観客に受けなかった。

His joke didn't _____ with the audience.

⑥ 仕事が終わったらすぐに出るわ。

I'm going to _____ after work.

⑦ あなたの申請が通ったことを謹んでお知らせします。

I'm _____ inform you that your application has been accepted.

⑧ 見ておわかりのように、今月の商いは低調です。

_____ , business is slow this month.

プロジェクトの計画・立ち上げ

(TASK **4**) **Review Quizzes** 解答

1. クイックレスポンス

① A)

(◀ 450) I think Mick did really well in his first six months. — Yeah, he really hit the ground running.

ミックは最初の6カ月は本当によくやったと思うよ。——そうね、彼はすぐに仕事に取り組んでいたわね。

② B)

(◀ 451) The shop is really interesting. — Maybe, but isn't it a little out of the way?

この店は本当に面白いよ。——そうかもね、でもちょっと不便な所にあるわよね。

③ D)

(◀ 452) Do you think it's a good time to ask Fran about a raise? — I doubt it. She really has her hands full.

昇給についてフランに聞いてみてもいいタイミングだと思う?——どうかしら。彼女は手いっぱいみたいよ。

④ C)

(◀ 453) I'd love to see Michelle again. — You should stop by our place one day. She'd be glad to see you too.

またミシェルに会いたいな。——いつかこちらにお立ち寄りくださいよ。彼女もあなたに会えたら喜ぶでしょう。

2. 和文英訳

⑤ (◀ 454) His joke didn't go down well with the audience.

⑥ (◀ 455) I'm going to head straight out after work.

⑦ (◀ 456) I'm pleased to inform you that your application has been accepted.

⑧ (◀ 457) As you can see, business is slow this month.

③ 建設予定地を訪問

238

UNIT **24**　プロジェクトの計画・立ち上げ　④現場の責任者に会う

「経験を生かさなくては」

新しいデータセンターの建設計画は、いよいよ本格的になってきました。
ニールはマルコから、現場の責任者であるタカを紹介されます。

TASK 1 Listen!　まずは聞いてみよう　　　🔊 458-460

まずはこれから学習するフレーズを含んだ会話例を聞いてみよう。下記のポイントを聞き取るつもりで、集中して挑もう。（解答例 ➡ p.241 下）

Point 1 タカが今取り組んでいることは？ _____

Point 2 タカは設備をどのように配置しようと考えている？ _____

Point 3 3人はこれからどこへ行くと思われる？ _____

プロジェクトの計画・立ち上げ

TASK 2 **Write down! 書き取ろう**

トランスクリプションを確認しながら、もう一度会話を聞こう。下線部は TASK1
のカギとなる部分です。また、フレーズ部分を聞き取って、空欄を埋めてみよう。
（解答➡ p.244）

Scene 1 Marco: This is Taka Ueda. ① He's been (t   ing) a (l   )
🔊 458　　at how we arrange the floor space.

Taka: Nice to meet you!

Neil: Good to meet you at last, Taka. It's great to ②
(p   ) a (f   ) (t   ) (th   ) (n   )!

T: Thanks, Neil. Actually I've been wanting to thank you
for your ideas on the plans we ③ (p   ) (t   ).

Scene 2 T: If we arrange the equipment ④ (i   ) (r   ) like this,
🔊 459　　it'll be easier for air to flow between the machines.

N: How about if we need more space in the future? We
have to take on board what we've learned already in
Warsaw.

M: That's true. When that center was built, nobody
would've expected the situation we have now.

T: It should be fine. The raised floor is pretty strong. This
room is also taller than we need right now.

Scene 3 N: Thank you for your hard work on all this, Taka.
🔊 460　　T: No problem. It's great to be part of the team ⑤ (a   )
(th   ) (s   ) (o   ) (th   ) (p   ).

M: I think we've really ⑥ (m   ed) things (f   )
today.

N: ⑦ (T   ) (t   ) (i   ). Now, ⑧ how about we
(t   ) (a   ) (o   ) some of these excellent
Italian restaurants Marco is always telling us about?

④現場の責任者に会う

会話の訳

Scene 1
マルコ：こちらはタカ・ウエダです。このフロアの配置をどうするかを彼が見てくれています。

タカ：お会いできてうれしいです！

ニール：やっと会えてうれしいよ、タカ。顔と名前を一致させられるのはとてもうれしいことだ。

タ：どうも、ニール。実は、僕たちがまとめた計画にアイデアを提供してくれたことにお礼を言いたいと思っていたんです。

Scene 2
タ：機器をこんなふうに数列に並べて配置すると、機械の間を空気が通りやすくなります。

ニ：これからもっとスペースが必要になった場合はどうなる？ ワルシャワですでに学んでいることは、考えに入れておかなければ。

マ：そうですね。あのセンターが作られたとき、誰も今のような状況になるとは予想していませんでしたし。

タ：大丈夫でしょう。OAフロアはかなり頑丈です。天井の高さも現状で必要な高さよりあります。

Scene 3
ニ：この件に尽力してくれてありがとう、タカ。

タ：どういたしまして。この段階でチームに加われるのはうれしいですよ。

マ：今日はだいぶいろいろなことを前に進めたと思いますよ。

ニ：そういうことだね。じゃあ、いつもマルコが話している素晴らしいイタリアン・レストランのいくつかを利用してみるのはどうかな。

TASK 1 Listen! 解答例

Point 1 フロアの配置を考えること。

Point 2 風が通りやすいよう、機器を列にして配置する。

Point 3 イタリアン・レストランに行く。

TASK 3 Check & Read Aloud! 確認と音読

TASK2で書き取ったフレーズに関する知識を深めよう。さらに音声に収録されている例文を聞き、ポーズのところで音読してみよう。慣れてきたら文字を見ずに、聞こえてきた音声をまねて言ってみよう。

🔊 461 ① take a look Ⓒ ちょっと見てみる、調べてみる、確認する

解説 名詞の look を使って take a look や have a look と言うと、「ちょっと見る、さっと見る」というニュアンスになります。「何を」見るかは at ~ で表現します。また、look の前に good（十分な）、careful（注意深い）、close（綿密な）などの形容詞を置けば、「じっくり見る」になります。

例文 I probably won't have time to do the whole thing today, but I will take a look. （恐らく、今日全部やる時間はないと思うのですが、ちょっと見ておきます）

🔊 462 ② put a face to the name Ⓒ
顔と名前を一致させる、名前だけ知っている人に実際に会う

解説 名前だけ知っていたとか、メールや電話でやりとりはしていたけれど、面識はなかった人に実際に会ったとき、It's great to put a face to the name. （名前に顔を一致させられてうれしいです）と言えます。逆に、顔は知っていたけど名前は知らなかった人に言うなら、It's great to put a name to the face. になります。

例文 It was great to meet our sales director after speaking so often on the phone, and finally put a face to the name! （とても頻繁に電話で話していた販売部長とついに会い、ようやく顔と名前が一致してうれしかった！）

🔊 463 ③ put together Ⓝ 組み立てる、（考えなどを）まとめる、企画する

解説 put together は「寄せ集める、組み立てる」から広がって、「アイデアや意見を集約する」、「（原稿などを本に）編集する」、「（出し物などを）企画する」など、いろいろな意味で使われます。例えば、We need to put together new brochures for the exhibition. なら「展示会用に新しいパンフレットを作らなくちゃ」。ここで、put together は make や prepare と同義で使われています。

例文 I haven't had a chance to put together the data for next week's meeting yet. （来週の会議のためのデータをまとめる機会をまだ持てていない）

C **Colloquial** カジュアルな口語表現。会話で使います。
N **Neutral** ニュートラルな表現。会話、文章で使います。
P **Polite** 丁寧な表現。フォーマルな会話、文書で使います。

---

464 ④ in rows N 数列になっている、きちんと列に並べられている

解説 row は「列」で、in rows は「数列に（きちんと）並べられた状態である」ということ。例えば The new products are lined up in rows. で、「新製品が列にきちんと並べられている」という意味。単数形で in a row とすれば「一列になっている」。例：They all waited outside in a row.（彼らは外で一列になって待っていた）。in a row には「連続して」という意味もあります。例：They won the title five years in a row.（彼らは5年連続でタイトルを獲得した）。

例文 This program displays the data with the branch names listed in rows.（このプログラムは、データと支店名を列に並べて表示します）

---

465 ⑤ at this stage of the process P 現段階で、現時点で

解説 直訳すると「一連の過程の中のこの段階で」ですが、要は、at this stage（現段階で）、at this time（現時点で）ということ。回りくどいですが、「プロジェクトの進捗を意識していますよ」という気持ちを表すフレーズです。process のほかに phase（局面、段階）を使うこともあります。

例文 Following up with them is really all we can do at this stage of the process.（現時点でわれわれにできるのは彼らのフォローを続けることだけです）

---

466 ⑥ move ~ forward N ～を前進させる、～を進展させる

解説 文字通り、「前へ動かす」、すなわち「前進させる、進展させる」という意味で、言い換えれば、resolve issues and make progress（問題を解決して進歩する）ということ。会話例では moved things forward で「いろいろなことを前進させた」＝「いろんな進展があった」という意味で使われています。

例文 Our work this morning has really moved things forward; we now have a clear plan.（今朝のわれわれの働きで物事がかなり進展したので、今では明確な計画が立っている）

プロジェクトの計画・立ち上げ

467 ⑦ That's the idea. ©
そういうこと。その調子。それが大事。それが狙い。

解説 That's the idea. は「それこそが考え方です」＝「そういうこと」。会話で、自分が伝えたかったことを相手がしっかりつかんでいると感じたとき、あいづちとして That's the idea.（そうそう、そういうこと。よくおわかりですね）と言ったりします。何かを教えてあげて、相手がそのコツをつかんだように思えたときにも、That's the idea!（その調子！）と励ますことができます。

例文 With this deal we'll make a profit, and that's the idea!（この取引で利益を上げられるだろう、それが狙いだ！）

468 ⑧ take advantage of ~ ℕ
～をうまく利用する、～を生かす、～に大いに活用する

解説 take advantage of ~ には「自分の都合のいいように利用する」というニュアンスもあり、Don't take advantage of her kindness.（彼女の好意につけ込んじゃダメだよ）のようにも使いますが、ビジネスなどの場面では「機会を十分に生かす」「大いに利用する」という意味でも使います。We should take advantage of the night view from this table.（このテーブルから見える夜景を大いに楽しまなくては）という表現も可能です。

例文 It's important that we take advantage of our strong market position.（市場におけるわが社の確固たる地位をうまく利用することが重要だ）

TASK 2 Write down! 解答

① He's been (taking) a (look)
② (put) a (face) (to) (the) (name)
③ (put) (together)
④ (in) (rows)
⑤ (at) (this) (stage) (of) (the) (process)
⑥ (moved) things (forward)
⑦ (That's) (the) (idea)
⑧ how about we (take) (advantage) (of)

④ 現場の責任者に会う

TASK 4 Review Quizzes 復習問題

最後に2種類の復習問題に挑戦し、学習を締めくくろう。

1. クイックレスポンス 🔊 469-472

音声に収録されている①〜④の文に続けて、応答になり得るセンテンスをA)-D)から選び、口頭で読み上げよう。

（解答がチャイム音に続けて読まれます。解答の後のポーズで自分でも言ってみましょう。解答とトランスクリプション➡ p.246）

① _____　② _____　③ _____　④ _____

A) Let me take a look at the schedule.
B) Well, I've put together a little dinner party for some friends.
C) At this stage of the process, it's difficult to tell.
D) Yes. That's the idea.

2. 和文英訳

⑤〜⑧の日本語に合うよう、英文の下線部に英語を入れよう。（解答➡ p.246。正解の英文は音声も聞いて確認し、ポーズの部分で音読やリピーティングをしましょう）

⑤ ジョンに会えた今、ようやく名前と顔が一致した。
Now that I've met John, I can finally _____ .

⑥ その箱を床に列に並べてください。
Place the boxes _____ on the floor.

⑦ 物事が前進したら支払いの件もお話しできます。
We can talk about payment when we've _____ .

⑧ 円高をうまく生かさなきゃ。
You should _____ the strong yen.

TASK 4 Review Quizzes 解答

1. クイックレスポンス

① B)

🔊 469 What are you planning to do tonight? — Well, I've put together a little dinner party for some friends.

今夜は何を計画しているの?──ええと、友達のためにちょっとしたディナーパーティーを企画しているんだ。

② D)

🔊 470 So both floors will be for development, is that right? — Yes. That's the idea.

じゃあ、どちらのフロアも開発部用ってこと?──うん。そういうことなんだ。

③ A)

🔊 471 What time is the management talk on? — Let me take a look at the schedule.

経営陣の会議は何時から?──スケジュールを確認してみます。

④ C)

🔊 472 Is this project going to be expensive? — At this stage of the process, it's difficult to tell.

このプロジェクトは費用がかなりかかりそうですか?──現段階ではまだわかりません。

2. 和文英訳

⑤ 🔊 473 Now that I've met John, I can finally put a face to the name.

⑥ 🔊 474 Place the boxes in rows on the floor.

⑦ 🔊 475 We can talk about payment when we've moved things forward.

⑧ 🔊 476 You should take advantage of the strong yen.

UNIT **25** | プロジェクトの計画・立ち上げ | ⑤進捗状況を確認

「形になってきたね」

新データセンター設立プロジェクトは、マルコの指揮の下、順調に進んでいるようです。ニールは現地の視察のため、数カ月ぶりにミラノ支社を訪れました。

TASK **1** | Listen! **まずは聞いてみよう** 🔊 477-479

まずはこれから学習するフレーズを含んだ会話例を聞いてみよう。下記のポイントを聞き取るつもりで、集中して挑もう。(解答例➡ p.249下)

Point 1 ニールは何のせいで忙しかった? _____

Point 2 現在、何が不足している? _____

Point 3 マルコは人員を確保するために何をした? _____

TASK 2 | Write down! 書き取ろう

トランスクリプションを確認しながら、もう一度会話を聞こう。下線部はTASK1のカギとなる部分です。また、フレーズ部分を聞き取って、空欄を埋めてみよう。（解答 → p.252）

Scene 1 Marco: It's been a while! Great to see you again.

🔊 477　Neil: Yes, sorry. The situation in the old data centers is ① (k   ing) us (b   ). We're fire-fighting daily. ②It'll be a (r   ) to see this place come into operation.

M: I'm sure Pawel would agree. He's feeling the pressure too. But you'll be surprised at our progress here, I think.

N: Great. I can't wait!

Scene 2 N: Wow. You're right! Things are really ③starting to

🔊 478　(t   ) (s   ).

M: ④We're (r   ) (s   ) (o) cables at the moment but they're on order. Right now we're on schedule.

N: That's excellent news. Do we have the necessary people lined up?

M: Pawel's going to send down some of his specialists, and we've been able to ⑤(p   ) some other projects (b   ) to free up staff here.

Scene 3 Pawel: Thanks for letting me know how it went, Neil. It's

🔊 479　certainly good to hear we're making progress.

N: No problem. Marco is really ⑥(k   ing) (o   ) (t   ) (o   ) things down here, but he'd ⑦be (u   ) (a   ) (i   ) without your help, so thanks for that.

P: Well, it's in everyone's interest to see this ⑧(c   ) (o   ) (w   ).

N: Certainly, and it's great to see everyone playing as one team, too. That's what it's all about!

会話の訳

Scene 1 マルコ：お久しぶりですね！ またお会いできてうれしいです。

ニール：そうだね、申し訳ない。旧データセンターのことでずっと忙しくて。毎日のように火消しをして回っているよ。ここが稼働し始めればほっとするだろうな。

マ：パウェルも同意するでしょう。彼もプレッシャーを感じています。でも、ここの進捗具合をご覧になれば驚かれると思いますよ。

ニ：いいね。楽しみだよ！

Scene 2 ニ：おお。確かに！ さまざまなことが本当に形になり始めている。

マ：今、ケーブルが不足していますが、注文してあります。今のところは予定どおりです。

ニ：素晴らしい報告だね。必要な人材はそろっているかな？

マ：パウェルが彼の支社の専門技術者を何人か派遣してくれますし、ここのスタッフの手を空けるためにほかのプロジェクトをいくつか延期することができました。

Scene 3 パウェル：進行状況を教えてくれてありがとう、ニール。前進していると聞くのはいいものですね。

ニ：いやいや。マルコは本当にここで万事を取り仕切っているけれど、君の助力がなければ苦境に陥っていただろうから、ありがとう。

パ：まあ、これが大成功するのを見ることがみんなの利益になりますから。

ニ：そうだね、それに全員が一つのチームとして仕事をしているのも素晴らしいね。結局、それが一番大事だよ！

TASK 1 Listen! 解答例

Point 1 旧データセンターの問題に対応していたから。

Point 2 ケーブル。

Point 3 パウェルに技術者を派遣してもらい、ほかのプロジェクトをいくつか延期した。

TASK 3 Check & Read Aloud! 確認と音読

TASK2で書き取ったフレーズに関する知識を深めよう。さらに音声に収録されている例文を聞き、ポーズのところで音読してみよう。慣れてきたら文字を見ずに、聞こえてきた音声をまねて言ってみよう。

◀ 480 ① keep ~ busy Ⓝ ～を忙しくさせている、～に暇を作らせない

解説 X keep Y busy で、「X が Y を忙しくさせ続ける、X のせいで Y は忙しい」という意味になります。I'm busy. は「私は忙しい」ですが、上司に仕事をさせられて忙しいなら、He is making me busy.、絶え間なく仕事を与えられているなら、He is keeping me busy. と表現できます。主語はもちろん「物」でもOK。The new project is keeping us busy. で、「われわれは新しいプロジェクトに忙殺されている」となります。

例文 Frank is doing the year-end finances. It's certainly keeping him busy! (フランクは年度末会計に取り組んでいます。そのせいで彼は本当に忙しいんです！)

◀ 481 ② It's a relief ... Ⓝ …でほっとする、…で安心する

解説 relief は「安心、安堵」という名詞で、It's a relief ... で「…で安心した、ほっとした」という意味になります。例えば、It was a great relief to see him recovered. (彼が回復したのを見てとても安心した) のように使います。何かほっとするようなことを聞いて一言、「あ、それなら安心だね」と返したいときには、That's a relief. が定番です。

例文 This report is taking so long, it'll be a relief to have it finished. (この報告書にはすごく時間がかかっているので、終わったらほっとするだろう)

◀ 482 ③ take shape Ⓝ 形になる、具体化する

解説 日本語でも「形が整ってきた」と言いますが、take shape はその語感に似た表現です。例えば、Our plan is beginning to take shape. (計画が具体化し始めた)、Nothing is taking shape. (何も形になっていない) のように使います。

例文 If you keep working towards your goal, soon enough things will take shape. (目標に向かって努力し続ければ、すぐにいろいろなことが形になってくるでしょう)

© **Colloquial** カジュアルな口語表現。会話で使います。
Ⓝ **Neutral** ニュートラルな表現。会話、文章で使います。
Ⓟ **Polite** 丁寧な表現。フォーマルな会話、文書で使います。

🔊 483 ④ run short of ~ Ⓝ ～が不足している、～が少なくなっている

解説 この short は「短い」ではなく「不十分な」という意味。run short of ~ で「～が不足する」になります。よく、進行形の be running short of ~（～が残り少なくなっている）という形で使われます。be running out of ~ もほぼ同義です。

例文 We're running short of copy paper. Could you place an order? (コピー用紙が少なくなってきています。発注していただけますか?)

🔊 484 ⑤ push back ~ Ⓝ ～を遅らせる、～を延期する

解説 これも文字通り「後方に追いやる」というイメージでとらえられる表現。We may have to push the meeting back to 3 p.m. (会議を3時にずらさなければいけないかもしれない)、Is it OK to push back the appointment to June 20? (約束を6月20日に延期してもいい?)のように使います。

例文 We can't staff this project yet; we'll have to push back the end date. (このプロジェクトの人員をまだ手配できていないので、期限を先延ばししないとならないでしょう)

🔊 485 ⑥ keep on top of things ©
最新情報を把握している、万事を取り仕切っている

解説 keep on top of ~ は、「～の情報／動向を常に把握している」「～を常に掌握している」という決まり文句です。例えば、We need to keep on top of what's happening in the industry. (業界内で何が起きているかを常に把握しておかなくてはいけない) のように使います。~ に things (いろいろな物事) を入れれば、「常に万事を把握している」「万事を取り仕切っている」という意味になります。

例文 Valerie always keeps on top of things; she is an excellent secretary. (ヴァレリーはいつも万事を把握しているね、彼女は優秀な秘書だ)

486 ⑦ (be) up against it Ⓒ 苦しい状況である、八方ふさがりである

解説 be up against ~ は「~（困難など）に直面している、ぶつかっている」という意味。例えば、He's up against his boss.（彼は上司とぶつかっている［意見が衝突している］）のように使います。しかし、He's really up against it. のように it が付くと、「非常に困難な目にあっている」、「八方ふさがりの状況になっている」という意味になります。つまり、He's in trouble.、He's in great difficulties. と同義です。また、「経済的に困窮している」という意味でも使われます。

例文 We were already struggling to meet this week's target, but with this extra delay we're really up against it. （われわれの今週の目標を達成するために苦労していたが、さらなる遅れの発生でいよいよ苦境に陥った）

487 ⑧ come off well Ⓒ とてもうまくいく、大成功する

解説 come off は、口語で「実現する、成功する」という意味になります。例：The surprise party came off just as planned.（サプライズパーティーは計画どおりに実現した）。これに well を足せば「非常にうまくいく、大成功する」ということになります。Everything came off well.（すべてうまくいった）は、Everything turned out well.、あるいは、Everything worked out well. と言ってもほとんど同じ意味になります。

例文 Our stand attracted many visitors. The dramatic visual display really came off well. （当社の売店は多くの客を引きつけた。印象的なディスプレーが大成功だった）

(TASK **2** Write down! 解答)

① (keeping) us (busy)
② It'll be a (relief)
③ starting to (take) (shape)
④ We're (running) (short) (of)
⑤ (push) some other projects (back)
⑥ (keeping) (on) (top) (of) things
⑦ be (up) (against) (it)
⑧ (come) (off) (well)

TASK **4** Review Quizzes 復習問題

最後に2種類の復習問題に挑戦し、学習を締めくくろう。

1. クイックレスポンス 🔊 488-491

音声に収録されている①〜④の文に続けて、応答になり得るセンテンスを A)-D) から選び、口頭で読み上げよう。

（解答がチャイム音に続けて読まれます。解答の後のポーズで自分でも言ってみましょう。解答とトランスクリプション➡ p.254）

① _____ ② _____ ③ _____ ④ _____

A) Well, this new project will keep him busy.
B) We're running short of butter. Can you get some?
C) Yes, it'll be a relief when winter ends.
D) Things are taking shape, yes.

2. 和文英訳

⑤〜⑧の日本語に合うよう、英文の下線部に英語を入れよう。（解答➡ p.254。正解の英文は音声も聞いて確認し、ポーズの部分で音読やリピーティングをしましょう）

⑤ この商品の生産の開始を遅らせる必要がある。

We need to _____ the production launch of this product.

⑥ 彼はもう6カ月も失業している。とても困窮している。

He's been out of work for 6 months now. He's really _____ _____ .

⑦ このパーティーは大成功すると思う。

I think this party will _____ .

⑧ 私がバンコクにいる間、いろいろなことに目配りをしておいてくれるかな。

Can you _____ while I'm in Bangkok?

プロジェクトの計画・立ち上げ

(TASK **4**) **Review Quizzes** 解答

1. クイックレスポンス

① D)

🔊 488 The Kope project seems to be looking good. — Things are taking shape, yes.

コープ・プロジェクトはうまくいっているようだね。――ええ、形になりつつありますよ。

② C)

🔊 489 I can't wait for warmer weather. — Yes, it'll be a relief when winter ends.

暖かくなるのが待ち遠しいよ。――そうね、冬が終わればほっとするでしょうね。

③ A)

🔊 490 Charles keeps complaining about not having enough work. — Well, this new project will keep him busy.

チャールズは仕事があんまりないことで不平を言い続けてるよ。――まあ、この新しいプロジェクトで忙しくなるでしょう。

④ B)

🔊 491 I'm going to the supermarket. Do you need anything? — We're running short of butter. Can you get some?

スーパーに行くんだ。何か必要なものはある?――バターが少なくなってきてるの。買ってきてくれる?

2. 和文英訳

⑤ 🔊 492 We need to push back the production launch of this product.

⑥ 🔊 493 He's been out of work for 6 months now. He's really up against it.

⑦ 🔊 494 I think this party will come off well.

⑧ 🔊 495 Can you keep on top of things while I'm in Bangkok?

⑤進捗状況を確認

力試し問題
Definition Quiz 5
英英定義

このPARTで学んだフレーズの意味を英語で説明した「英英定義」のクイズに挑戦してみましょう。音声に収録されている、英語による「フレーズ定義」を聞き、それがどのフレーズの定義なのかを答えてください。解答フレーズはチャイム音に続けて読まれます。（解答とトランスクリプション➡ p.256）

496

① _____

② _____

③ _____

④ _____

⑤ _____

497

⑥ _____

⑦ _____

⑧ _____

⑨ _____

⑩ _____

498

⑪ _____

⑫ _____

⑬ _____

⑭ _____

⑮ _____

499

⑯ _____

⑰ _____

⑱ _____

⑲ _____

⑳ _____

プロジェクトの計画・立ち上げ

Answers

トランスクリプションと訳を確認しましょう。わからなかった問題は括弧内の
ページに戻って、フレーズの意味をもう一度確認するようにしましょう。

🔊 496

① The topic you discuss before all the others can be described as
first up. (➡ p.218)
ほかのすべてに先駆けて話す話題を、first up（優先事項）と表現することができ
ます。

② When something is filled completely with no space left, it is
jam-packed. (➡ p.218)
何かが、すき間がないほど完全にいっぱいになっているとき、それは (be) jam-
packed（ぎゅうぎゅう詰めの）です。

③ When a dangerous situation has not been addressed, it's an
accident waiting to happen. (➡ p.219)
危険な状態に対処がなされていないとき、それは an accident waiting to happen
（いつ事故になってもおかしくない状況）です。

④ When you apply pressure to a person or system to find its
breaking point, you test its limits. (➡ p.220)
限界点を見つけるため、人やシステムに対して圧力を加えるとき、あなたは test
its limits（限界点を探る）します。

⑤ When you are certain of something, you can say, "There's no
doubt about it." (➡ p.227)
あなたが何かに確信を持っているとき、There's no doubt about it.（疑いの余
地はない）と言えます。

🔊 497

⑥ When everyone shares a common understanding and a similar
point of view, we can say they are all on the same page. (➡ p.227)
全員が同じ理解や同じような物の見方を共有しているとき、彼らは皆 on the
same page（共通認識を持っている）だと言えます。

⑦ Numbers that are not exact are rough figures. (→ p.228)
正確ではない数字は rough figures（概算、おおまかな数字）です。

⑧ When people work together well, we can say they are joined-up. (→ p.228)
人々がうまく一緒になって働いているとき、彼らは (be) joined-up（うまく連携している）だと言えます。

⑨ When you leave quickly, you head straight out. (→ p.234)
直ちに出発するとき、あなたは head straight out（すぐに出発する）します。

⑩ If a location is away from the main or popular route, it is out of the way. (→ p.235)
ある場所が主要な、あるいは人の多い道筋から離れた所にある場合、そこは (be) out of the way（閑静な所にある）です。

🔊 498

⑪ When you visit somewhere quickly on your way to a different place, you stop by. (→ p.235)
別の場所に行く途中で急いでどこかを訪れるとき、あなたは stop by（立ち寄る）します。

⑫ When you are grateful or you want to be polite when talking about a task, you can say you are pleased to do it. (→ p.236)
感謝しているときや、仕事のことを話す際に丁寧に言いたいとき、それを (be) pleased to（喜んで／謹んで）すると言えます。

⑬ When you review something at a high level, quickly or without working through all the details, you take a look. (→ p.242)
高みから何かを素早く、または詳細まで踏み込まずに確認するとき、あなたは take a look（調べてみる）します。

⑭ When you meet someone that you have only ever spoken to on the phone, you can put a face to the name. (→ p.242)
電話でしか話したことがない人と会うとき、あなたは put a face to the name（顔と名前を一致させる）できます。

プロジェクトの計画・立ち上げ

⑮ Things that are arranged in lines next to one another are in rows. (→ p.243)

隣り合って列に並べられている物は in rows（整列している）ということです。

🔊 499

⑯ When your work has achieved progress, you have moved things forward. (→ p.243)

仕事が進展したとき、あなたは物事を move forward（前進させる）したと言えます。

⑰ If you can stop worrying about something, you can say, "It's a relief." (→ p.250)

何かについてもう心配しなくてもいいとき、It's a relief.（ほっとする）と言えます。

⑱ When you find that you have less and less of something, you're running short of it. (→ p.251)

何かがどんどん少なくなっているとき、あなたにはそれが run short of（不足している）ということです。

⑲ When a target date is moved into the future, it is pushed back. (→ p.251)

目標の期日が先に動かされると、それは push back（延期する）されたことになります。

⑳ When a project is successful, we can say that it has come off well. (→ p.252)

計画が成功したとき、それは come off well（大成功する）したと言えます。

力試し問題
Listening Challenge 5
長文リスニング

PART5の総仕上げとして、少し難しいリスニング問題に挑戦してみましょう。ここで聞く長めのモノローグには、このPARTで学んだフレーズが随所にちりばめられています。これらのフレーズは、これまでのTASKを通じて、すでに皆さんの耳と脳にしっかり定着していますから、スピードが速いモノローグの中でも、くっきり浮かび上がって聞こえることでしょう。そうした「お得意フレーズ」を手がかりに、問題を解いてみてください。(トランスクリプション ➡ p.260、解答➡ p.262)

🔊 500

① When was this memo written?
  ⓐ Shortly after a meeting
  ⓑ Just before a meeting
  ⓒ Before a welcome party

② What is everyone asked to download?
  ⓐ A schedule for overtime hours
  ⓑ A file explaining the next new product
  ⓒ A report of the last quarter's profits

③ Why might security stop someone in the factory?
  ⓐ To ask an employee to wear proper safety equipment
  ⓑ To ask an employee to work overtime
  ⓒ To inform an employee about the new rules

プロジェクトの計画・立ち上げ

トランスクリプションを確認しましょう。オレンジ色の網掛け部分がPART 5で学んだフレーズ、下線部が設問の解答につながる箇所です。

A Memo　🔊 500

Hello everyone,

I was pleased to see you all at the general meeting this morning, including our newest employee, Dana Redmond. I've been talking to her through e-mail, but it's nice to finally put a face to the name. This is just a short message to run through some of the things we discussed at the meeting, and to remind you of one or two important points.

First up, as you can see, this quarter is going to be jam-packed with changes. The Development staff have hit the ground running with our next product. To make sure that everyone understands the way it works, the team has put together a file explaining the details. Everyone should download this as soon as possible. We have to make sure that we are all on the same page, as this project gets closer to a release date.

Second, Harold has explained that the very fast development means that management has moved things forward. This means we will need people working extra hours. This announcement didn't go down well at the meeting. But before anyone gets up in arms, my rough figures show that the extra hours we need won't be that many. If you have your hands full, it should be fine. I know there are plenty of people who want a few extra hours, so if you don't want to do the extra work, you probably will not have to.

And one more issue to get out of the way: please remember, if you are walking through the factory area, you must wear a hard hat.

This rule has not changed, but a few people **are testing its limits** by carrying their hats. This kind of thing has to end. It is **an accident waiting to happen,** and right now, we **cannot afford to** have any accidents. It might seem silly if you are only visiting for a minute or two, but that is the rule. From now on, if you are not wearing your hard hat — on your head — you will be stopped by security and asked to put it on.

There's no doubt about it, we are working on our best product yet. And we need everyone working together **at this stage of the process** to **take advantage of** the opportunity. If you have any questions about these issues, you can talk to your manager, or even **stop by** my office. Good work, everyone.

Translation　訳とクイズの答えを確認しましょう。

メモ

皆さん、こんにちは。

今朝の全体会議で、新入社員のダナ・レドモンドさんを含む皆さん全員にお会いできてうれしかったです。彼女とはメールを通じて連絡をしていましたが、ついに顔と名前を一致させることができたのは良いことでした。これはこの会議で話し合った項目のいくつかをざっと振り返り、重要な1、2点についてリマインドするための短いメッセージです。

まず最初は、おわかりのとおり、この四半期は変化でいっぱいになるでしょう。開発スタッフは次の製品の開発にさっそく取り組んでいます。製品の仕組みを皆さんにご理解いただくため、開発チームは詳細を説明するファイルをまとめました。これを至急ダウンロードしてください。私たちはこの企画のリリース日が近づくに当たり、確実に同じ認識を持つようにしなければなりません。

第二に、この迅速な開発は、経営陣が行動を起こしているということだと、ハロルドは説明しました。これが意味するのは、超過勤務が必要になるだろうと

261

いうことです。この発表は会議ではあまり受けが良くありませんでした。しかし、誰かが戦う構えをとる前に申しますと、私の出した概算では、必要な超過勤務時間はそれほど多くありません。もしあなたが手いっぱいであるなら構いません。数時間の残業をしたい人もたくさんいますから、時間外労働を望まないなら、恐らくやらずに済むでしょう。

そして、もう一つ解決するべき問題があります。工場の敷地内を歩くときは、安全帽を着用しなければならないことを忘れないでください。この規則に変更はありませんが、何人かの人が帽子を持ち歩いて、規則の限界を試しています。こういったことはやめるべきです。いつ事故が起きてもおかしくありませんし、今、私たちはどんな事故も起こすわけにはいきません。たった1、2分しかいないのにバカらしいと思うかもしれませんが、これは規則です。今後は、もし安全帽を着用していなければ——頭に、ですよ——警備係に呼び止められて、かぶるように求められることになります。

疑いの余地はありません、私たちはこれまでで最高の製品に取り組んでいるのです。そしてこのチャンスを生かすため、この段階において、全員が一丸となる必要があります。これらの問題について質問があれば、マネージャーに話をするか、私のオフィスに立ち寄っていただいても構いません。皆さん、お疲れさま。

長文リスニングの解答と問題文・選択肢の訳

① このメモはいつ書かれましたか?
　　ⓐ会議のすぐ後　ⓑ会議の直前　ⓒ歓迎会の前
② 全員がダウンロードするように言われているものは何?
　　ⓐ残業時間のスケジュール　ⓑ次の新製品を説明するファイル
　　ⓒ前四半期の利益の報告書
③ 警備係が工場で誰かを呼び止めるかもしれないのはなぜ?
　　ⓐ従業員に正しい安全装置を身に着けるよう要請するため　ⓑ従業員に残業を頼むため
　　ⓒ従業員に新しい規則を知らせるため

Index フレーズ索引

本書収録の会話例中に登場した重要フレーズの索引です。整理・復習にお役立てください（オレンジ字は各ユニット内で学習したフレーズです）。

究極のビジネス英語
フレーズ
Standard Vocabulary List 1-3
［3000語レベルでネイティブ感覚をつかむ］

発行日：2021年2月24日（初版）

　企画・編集：株式会社アルク 出版編集部
英文作成・校正：Peter Branscombe / Owen Schaefer / Victorian Wilson
　　編集協力：冨沢比奈
　　　　装丁：伊東岳美
　　デザイン：岡 優太郎（synchro design tokyo）/ 伊東岳美
　　イラスト：林なつこ

　ナレーション：Dominic Allen / Howard Colefield / Kimberly Forsythe
　　　　　　　Eric Kelso / Carolyn Miller / Peter von Gomm
　　　　録音：一般財団法人 英語教育協議会（ELEC）
　　音声編集：高木弥生
　　　　 DTP：伊東岳美
　印刷・製本：日経印刷株式会社

　　　発行者：天野智之
　　　発行所：株式会社アルク
　　　　　　　〒102-0073 東京都千代田区九段北 4-2-6市ヶ谷ビル
　　　　　　　Website：https://www.alc.co.jp/

地球人ネットワークを創る

アルクのシンボル
「地球人マーク」です。